꼬불꼬불나라의
경제이야기

에듀텔링 002

꼬불꼬불나라의 경제이야기

초판 1쇄 발행 | 2013년 3월 21일
초판 7쇄 발행 | 2021년 11월 14일

지은이 | 서해경
그린이 | 정우열
펴낸이 | 나힘찬

기획총괄 | 김영주
디자인총괄 | 고문화
인쇄총괄 | 야진북스
유통총괄 | 북패스

펴낸곳 | 풀빛미디어
등록 | 1998년 1월 12일 제2021-000055호
주소 | (10411) 경기도 고양시 일산동구 정발산로 166번길 21-9
전화 | 031-903-0210
팩스 | 02-6455-2026

이메일 | sightman@naver.com
인스타그램 | @pulbitmedia_books
블로그 | blog.naver.com/pulbitme
페이스북 | www.facebook.com/pulbitmedia

ISBN 978-89-88135-76-1 74300
ISBN 978-89-88135-74-7 (세트)

•책값은 뒤표지에 있습니다.
•파본은 구매하신 서점에서 바꾸어 드립니다.
•저작권법에 따라 보호받는 저작물이므로 무단 전재와 복제를 금합니다.

•어린이제품 안전특별법에 의한 기타표시사항
제품명 도서 | 제조자명 풀빛미디어 | 제조국명 한국 | 제조년월 2021년 11월 | 사용연령 8세 이상
주소 (10411) 경기도 고양시 일산동구 정발산로 166번길 21-9 | 전화번호 (031)903-0210

머리말

이 책을 읽는 어린이에게

어느 먼 곳에 꼬불꼬불나라가 있었어요. 팔자수염을 멋있게 기른 수염왕이 다스리는 나라지요. 그런데 수염왕은 제멋대로 나라를 다스리다, 국민에게 쫓겨났어요. 수염왕은 다시 왕이 되려고 계략을 꾸몄지만 오히려 감옥에 가고 말았지요.

추운 겨울, 감옥에서 나온 수염왕은 반기는 사람도, 갈 곳도 없는 처지였어요. 그런데 막막한 수염왕에게는 충실한 개, 세바스찬이 있었어요. 세바스찬 덕분에 수염왕은 작은 사업을 시작할 수 있었답니다.

수염왕은 열심히 일해서 돈을 벌고, 그 돈으로 소비도 하고, 절약해서 저축도 하게 되었어요. 그러면서 조금씩 경제에 관해 알아가지요. 경제를 알수록, 수염왕의 회사는 쑥쑥 성장했어요. 나라를 다스리는 능력은 꽝이었던 수염왕이지만, 사업에는 놀라운 능력을 발휘하지요.

그동안 수염왕은 뭐든지 국민에게 빼앗고 신하들에게 명령하면 되었어요. 일을 할 필요도, 돈을 벌 필요도 없었지요. 이런 수염왕도 쉽게 배운 경제라면, 여러분도 금방 알 수 있을 거예요. 사실 경제는 그리 어렵지 않으니까요.

경제활동은 어른만 하는 게 아니에요. 여러분도 경제활동을 한답니다. '나는 일을 하지도 않고, 돈을 벌지도 않아요. 그러니 나는 경제활동을 하지 않아요.'라고 말하는 친구도 있을 거예요. 하지만 돈을 버는 것만 경제활동은 아니에요.

아침에 눈을 떠서 밤에 잠들기까지 하는 모든 행동이 경제활동과 밀접하게 관계가 있어요. 여러분도 저도, 경제와 떨어져 살 수 없지요. 그렇기 때문에 경제를 아는 것은 참 중요하지요.

우리 함께, 수염왕이 들려주는 경제 이야기를 들어 볼까요? 이 책을 덮을 때쯤에는 수염왕보다 경제에 대해 훨씬 잘 알게 될 거예요.

서해경

목차

이 책을 읽는 어린이에게   4
등장인물   8
프롤로그   10

1/ 춥다, 추워!   15
－경제란 무엇인가?

2/ 이 돈으로 모든 것을 다 할 수는 없고   33
－기회비용

3/ 장사를 시작하다, 꼬불꼬불면 출시!   47
－3대 생산요소

4/ 사업에 큰 성공을 거둔 수염왕   65
－근로소득, 사업소득, 재산소득

5/ 은행을 찾아가는 수염왕   81
－금융기관이 하는 일

6/ 노동자는 내 부하?   95
　－노동자의 권리

7/ 위기가 찾아오다   113
　－가격 결정

8/ 다 함께 힘을 모아   127
　－수입과 수출

9/ 세금을 내라고?   141
　－납세의 의무

10/ 수염왕의 복수   153
　－경쟁이 없는 독과점

경제 용어－이것만 알아도, 경제 끝!   168

등장인물

꼬불꼬불나라

✤ 먼 옛날, 또는 가까운 옛날에 있었던 어느 나라. 수염왕은 이 나라의 왕이었다. 국민이 수염왕을 내쫓고 이 나라에 큰 변화가 닥쳐온다.

수염왕

✤ 꼬불꼬불나라의 마지막 왕. 국민에게 쫓겨난 뒤, 다시 왕 노릇을 하고 싶어서 큰대표 선거에 나가지만 선거법을 위반해 벌을 받는다. 예전에는 황금성에 살았지만 지금은 아주 가난하다.

세바스찬

✤ 수염왕이 다리 밑에서 만난 늙은 개. 수염왕에게 남은 유일한 친구. 볼품없는 개지만, 수염왕에 대한 충정이 대단하다.

성실해 양

수염왕이 차린 가게의 첫 직원. 나이는 어리지만 열심히 일해 가족을 돌보고 있다. 수염왕보다 더 성실하고, 손님에게 친절하다.

일잘해 부장

수염왕이 세운 '왕수염회사'가 성장하는 데 큰 기여를 했다. 하지만 수염왕에게 입바른 소리를 잘해 수염왕이 미워한다.

오반칙 부장

수염왕에게 아부를 잘해 수염왕의 사랑을 듬뿍 받는다. 하지만 그의 속셈은 따로 있다.

프롤로그

콧물까지 얼어 버릴 듯 추운 겨울이었어. 하늘에는 아직 해가 남아 있었지만, 두꺼운 구름에 가려 사방이 어두침침했지.

철컹. 끼이이익.

요란한 소리를 내며 두꺼운 철문이 열리더니, 한 남자가 밖으로 걸어 나왔어. 남자는 자신이 나온 건물을 뒤돌아보았지. 건물 앞에는 빛바랜 간판이 붙어 있었어.

'새 마음 감옥'

"빠이빠이! 영원히 빠이빠이!"

남자는 다시 길을 걸었어. 길모퉁이를 돌자 사람들로 북적거리는 큰길이 나타났어. 남자는 사람들 사이로 천천히 걸어갔어.

이 남자가 바로 오늘 들려줄 이야기의 주인공, 수염왕이야.

수염왕은 꼬불꼬불나라의 왕이었단다. 팔(八)자 모양의 수염을 멋지게 기른 왕이지. 하지만 하도 제멋대로 나라를 다스리는 바람에 그만 국민에게 쫓겨나고 말았어. 수염왕은 조상 대대로 다스렸던 꼬불꼬불나라를 되찾고 싶었단다. 다시 왕이 되어 모든 신하와 국민을 자기 마음대로 하고 싶었지.

하지만 역사를 되돌릴 수는 없었어. 결국, 수염왕은 민주주의 국가로 변한 꼬불꼬불나라를 인정할 수밖에 없었어. 하지만 정치를 하고 싶은 욕심은 사라지지 않았어. 그래서 국민의 대표자가 되어 다시 정치를 하려고 했지. 그런데 자신의 신분이 들통 나서, 그동안 자기 마음대로 정치한 것에 대해 재판을 받고 벌도 받았지. 그리고 오늘, 드디어 자유의 몸이 되었단다.

지금부터 수염왕을 따라다니다 보면 네가 정말 어렵다고 시험 때만 되면 징징대며 외우던 '경제'에 대해서도 술술 이해가 될 거야. 사실 '경제'란 교과서에 나온 걸 외워서 시험을 잘 본다고 알 수 있는 게 아니거든. **'경제'는 지식으로 외우는 것보다 잘 이해하고, 생활 속에서 행동하는 것이 더 중요해. 우리는 지금 이 순간도 '경제' 안에서 생활하는 셈이니까 말이야.** 그럼, 다시 수염왕 이야기를 시작해 볼까?

"오~ 이게 몇 달 만에 느껴 보는 자유의 냄새냐! 오~ 좋다, 좋아!"

수염왕은 깊게 숨을 들이마셨어. 차가운 공기가 가슴 가득 들어왔지. 다시 자유롭게 살 수 있다는 생각에 눈물이 찔끔 날 만큼 감개무량했지.

감옥에 갇혀 지내는 동안 수염왕은 많이 변했어. 다시 왕이 되어 꼬불꼬불나라를 마음대로 다스리는 것은 불가능하다는 것을 깨달았지. 이제 평범한 시민의 한 사람으로 살 수밖에 없다는 것을 받아들인 거야.

"그렇게 길 한복판에 서 있으면 어쩝니까? 좀 비켜요."

양손에 짐 가방을 든 남자가 수염왕을 길 한쪽으로 밀어붙였어.

"어이쿠!"

감상에 젖어, 서 있던 수염왕은 길 한쪽으로 휙 밀렸어. 그러자 이번엔 다른 쪽에서 걸어오던 아주머니가 수염왕을 밀치며 날카롭게 쏘아붙였어.

"이렇게 복잡한 길에서 멍하니 있으면 사람들에게 방해가 되잖아요. 저리 비키세요."

그러자 수염왕은 반대쪽으로 휙 밀려났지. 수염왕은 소리쳤어.

"이~ 이런 고얀 놈들을 봤나, 감히 나를 밀치다니. 여봐라, 저 무엄한 백성들을 다 잡아······."

수염왕이 펄쩍펄쩍 뛰며 화를 냈어. 앞에서 수염왕이 변했다고 한 말은 취소다. 아직 변하지 않은 것 같아. 그래, 사람은 쉽게 변하지 않나 봐.

그때 옆에서 아이들이 비웃는 소리가 들렸어.

"저 아저씨 엄청 웃기다. 자기가 무슨 왕인 줄 아나 봐. 크크크."

"그러게. 이 추운 겨울에 여름옷을 입고 있잖아. 분명히 미친 아저씨일 거야."

아이들의 말에 수염왕은 정신이 번쩍 들었어. 얼굴이 홍당무처

17

럼 빨개졌지. 빨리 그 길을 벗어나고만 싶었어.

한참 동안 길을 걷던 수염왕의 앞에 갈림길이 나타났어. 수염왕은 망설였어. 자유의 몸이 되었지만, 어디로 가야 할지 몰랐거든. 수염왕은 슬펐지.

'이런 이런, 마음대로 돌아다닐 자유는 있지만, 갈 곳도 오라는 사람도 없다니……. 불쌍한 내 신세.'

수염왕은 오래 고민했지만, 성과 마을을 연결하는 다리 밑밖에 생각이 나지 않았어. 왕의 자리에서 쫓겨난 뒤, 수염왕이 숨어 살았던 그 다리 말이야. 그래도 막상 갈 곳이 떠오르자, 수염왕은 마음이 놓였어. 그래서 한달음에 다리를 향해 달려갔지.

다리에는 군데군데 아직 다 녹지 않은 눈이 남아 있었어. 수염왕은 미끄러지지 않도록 조심조심 다리 밑으로 내려갔지. 그런데 무언가 수염왕을 향해 달려들었어.

"어이쿠!"

수염왕은 그만 중심을 잃고 뒤로 넘어지고 말았지.

"컹컹."

세바스찬이었어. 세바스찬은 정신없이 꼬리를 흔들며 넘어진

수염왕의 얼굴을 마구 핥았어.

"어이쿠 이 녀석 그만, 그만!"

수염왕은 세바스찬을 간신히 떼어 놓았어. 세바스찬은 다리 밑에서 함께 생활했던 늙은 개야. 수염왕이 세바스찬이라는 이름을 지어 줬지. 세바스찬은 비쩍 말라 있었고 털도 뒤엉켜 있었지만, 수염왕을 보며 힘차게 꼬리를 흔들었어.

"버릇없는 녀석 같으니라고. 감히 내 얼굴에 침을 묻히다니……."

수염왕은 말로는 세바스찬을 꾸짖었지만, 얼굴은 환하게 웃고 있었어.

"내게 벼룩을 옮겼다고 구박만 했는데 말이야. 그런데도 세바스찬 너만은 나를 기다렸구나!"

수염왕은 감동의 눈물을 손등으로 몰래 훔치며 중얼거렸어.

다리 밑을 둘러보니, 수염왕이 떠날 때와 똑같았어. 스프링이 튀어나온 침대, 장미꽃이 수놓아진 담요, 문짝 하나가 달아난 장롱에, 다리가 하나 부러진 차 테이블까지. 그동안 세바스찬은 충실하게 이곳을 지켜온 거야.

휘이이잉.

차가운 겨울바람이 다리 밑으로 몰려왔어. 소름이 돋고 머리카락이 쭈뼛 솟을 정도로 차가웠어.

"으흐, 춥다, 추워. 이곳에서 자다간 큰일 나겠어. 얼어 죽을지도 몰라. 하지만 돈이 없으니……. 세바스찬, 내 인생이 어쩌다 이렇게 되었단 말이냐? 왕이었을 때는, 오색의 보석으로 장식한 금 침대에서 폭신폭신하고 가벼운 거위 털 이불을 덮으며 잤는데 말이야. 크읍, 이젠 콧물까지 나네."

수염왕은 침대에 앉아 더러운 담요를 뒤집어썼어.

세바스찬은 그런 수염왕을 보며 고개를 갸웃거리더니, 갑자기 장롱을 향해 달려갔어. 그러고는 수염왕을 돌아보며 컹컹 짖었지. 자기를 따라오라는 것 같았어. 수염왕이 다가가자, 세바스찬은 장롱 밑으로 낑낑거리며 기어들어 갔어.

잠시 뒤, 세바스찬이 뭔가를 물고 다시 나타났어.

"그, 것, 은……? 내 비단 주머니가 아니냐?"

세바스찬은 수염왕의 발치에 비단 주머니를 내려놓았어. 수염왕이 왕궁에서 도망칠 때 가지고 나온 비단 주머니였지. 대대로 물려받은 가보가 든 비단 주머니 말이야. 주머니에는 반짝이는 반지가 남아 있었어.

"오~ 세바스찬, 너는 내 은인이니라. 내가 왕이라면, 너를 멍멍이들의 왕으로 만들어 주었을 텐데. 안타깝도다."

수염왕은 눈을 쓱쓱 문질렀어. 자꾸만 눈물이 날 것 같았거든.

끄응끄응.

세바스찬은 그런 수염왕을 이해한다는 듯이, 수염왕의 다리에 얼굴을 문질렀지.

"좋아. 당장 이 반지를 팔아서 집을 구하자. 여긴 너무 추우니까."

수염왕은 비단 주머니를 가슴에 품고 벌떡 일어났어. 그리고 한달음에 다리 위로 올라가서 길 저편으로 사라졌어.

"100만 원입니다."

"뭐요? 이게 어떤 반지인데, 겨우 100만 원이라는 거요?"

"싫으면 관두쇼. 요즘 같은 불경기에 반지를 찾는 사람이 있기나 한 줄 아시요? 나라도 되니까 100만 원이라도 주는 거요. 아~ 싫으면 딴 데 알아보쇼."

"아이, 그러지 말고 쪼끔만 더 주시오. 이 반지는 수백 년 동안 우리 집안에 내려온 가보라오."

"나 참, 그 반지가 옛날 왕이었던 수염왕의 것이라도 된다는 거요?"

'어, 어떻게 알았지, 내가 수염왕인 걸?'

수염왕은 깜짝 놀랐어. 자기 마음대로 정치한 벌은 다 받았지만, 사람들이 여전히 자기를 싫어할 거로 생각했지. 그래서 자신이 수염왕이라는 사실을 숨기고 싶었거든.

"당연히 수염왕의 반지는 아니겠지. 당신네 집안의 가보라고 해도 나랑은 아무 상관없으니 그냥 이 돈 받고 가시오."

"그럽시다."

'수염왕'이라는 말에 너무 놀란 수염왕은 정신없이 돈을 받아서 보석 가게를 나왔어. 원래 가격의 10분의 1도 안 되는 돈이었지. 하지만 막상 돈이 있으니 수염왕은 의기양양해졌어.

"세바스찬, 우리에게 100만 원이 있으니 제법 좋은 집을 구할 수 있을 거다. 내가 제일 비싼 갈비도 먹여 주마."

수염왕은 세바스찬을 데리고 집을 구하러 다녔어. 하지만 마음에 드는 집은 너무 비쌌어. 어떤 집주인은 세바스찬을 보고는, 수염왕이 말할 사이도 없이 문을 쾅 달아 버리기도 했지.

해가 질 무렵이나 되어서야 수염왕은 50만 원을 주고 집을 겨우 구할 수 있었어. 방 한 칸에 거실 겸 주방 그리고 작은 화장실이 있는 낡은 집이었지. 집을 구하고 먹을거리와 겨울 동안 쓸 땔감을 사고 나자, 수염왕의 비단 주머니에는 달랑 40만 원이 남았어.

"비록 작고 낡았지만, 이 추위에 다리 밑에서 사는 것보다는 얼마나 따뜻하고 편하냐. 여기서 천년만년 함께 살자꾸나."

수염왕은 삐걱거리는 흔들의자에 앉아 발치에 누운 세바스찬에게 말했어. 세바스찬은 지친 눈으로 수염왕을 한 번 올려다보더니 고개를 앞발 사이에 묻었어.

펄쩍펄쩍 뛰며 좋아할 줄 알았던 세바스찬이 별 반응이 없자, 수염왕은 서운했어.

"네 이놈, 세바스찬. 감히 주인이 말을 하는데 듣는 척도 안 하다니, 이 무슨 버르장머리 없는 짓이냐!"

수염왕이 세바스찬에게 소리쳤지만, 이번엔 세바스찬이 아예 고개도 들지 않았어. 수염왕은 세바스찬이 잠들었나 싶어서 발로 툭 건드려 보았어.

"끄으응."

세바스찬은 엎드린 채 신음만 내었어.

"세바스찬. 너 아픈 것이냐?"

수염왕은 깜짝 놀랐어. 세바스찬은 여전히 앓는 소리만 내었어. 자세히 살펴보니 세바스찬의 코는 바짝 말라 있고 눈이 빨갛게 충혈되고, 눈곱도 많이 끼어 있었지.

세바스찬은 감기에 걸린 것 같았어. 추운 다리 밑에서 언제 올지 모르는 수염왕을 기다렸으니까. 수염왕은 비단 주머니에서 딸기 맛이 나는 싹나아감기약을 꺼냈어. 그리고 계량 숟가락에 정확하게 2 눈금을 맞춰 부은 뒤에 세바스찬에게 먹였어. 세바스찬은 기운 없이 축 늘어져 있었지만, 수염왕이 주는 감기약을 잘 받아먹었어.

"한숨 푹 자고 나면, 내일은 팔팔해질 거다. 이 싹나아감기약은 효과가 그만이거든."

수염왕은 세바스찬에게 이불을 덮어 주었어. 그리고 벽난로에 땔감을 넉넉히 집어넣어서 방 안을 따뜻하게 했어.

수염왕이랑 경제가 무슨 상관이 있나요?

수염왕뿐 아니라, 우리는 모두 경제를 떠나서 살 수 없어. 경제가 뭐길래? 경제가 무엇인지 생각하기 전에, 친구들이 오늘 아침에 눈을 떴을 때부터 어떻게 지냈는지 생각해 볼까?

방에서 이불을 덮고 자다가 일어나서 아침밥을 먹고 세수하고 양치질하고 가방을 메고 학교에 갔을 거야. 학교가 먼 친구는 버스나 지하철을 타고 학교에 가서 선생님께 수업을 들었겠지. 학교에 가려고 준비하는 동안 집, 이불, 베개, 먹을거리, 물, 세숫대야, 칫솔, 치약, 가방, 옷 등이 필요했지. 이렇게 눈으로 보고 만질 수 있는 것을 재화라고 해.

그럼 재화만 필요했을까? 아니지. 버스나 지하철을 탄 친구도 있잖아. 그런데 버스나 지하철은 저절로 움직이는 게 아니야. 버스 기사나 지하철 기관사가 운전을 해야 해. 또 학교에서는 선생님이 수업을 하고 말이야. 이렇게 보이지도 않고, 만질 수도 없지만, 사람의 수고가 있었던 거야. 이런 사람의 역할을 용역(서비스)이라고 해.

그럼 다시 경제가 무엇인지 생각해 볼까? 위에서 알아본 것처

럼 우리가 사는 데는 재화와 사람의 노력, 즉 용역(서비스)이 필요해.

이런 재화와 용역을 만들고 사용하고 사고파는 모든 활동을 경제라고 해. 그러니 수염왕이 반지를 팔고, 집을 구하고, 먹을거리를 산 것은 당연히 경제활동이지.

여러분도 마찬가지야. 학교에서 공부하고 문구점에서 학용품을 사고 군것질을 하는 것이 모두 경제활동을 한 것이지.

수염왕은 반지를 싸게 팔아서 손해를 봤어요.
반지를 팔지 않고 그냥 사용하면 안 되나요?

수염왕 집안의 가보인 반지를 싸게 팔아서 안타깝지? 그런데 수염왕은 집과 먹을거리, 따뜻한 옷 등, 여러 가지가 필요했어. 만약 반지를 팔아서 돈(화폐)으로 바꾸지 않았다면 어땠을까? 어쩌면 집주인이 반지를 받고 집을 빌려줄 수도 있을 거야. 수염왕의 재화인 반지와 집주인의 재화인 집을 주고받는 것을 물

물교환이라고 해.

그런데 문제가 있어. 집주인이 반지를 필요 없다고 한다면 수염왕은 집을 구할 수 없어. 또 집주인이 반지와 집을 교환해도 문제야. 수염왕의 반지는 적어도 100만 원짜리인데 집세는 50만 원이잖아. 수염왕이 50만 원 손해를 보게 되지. 결국, 반지를 돈으로 바꾸지 않으면 반지는 별 쓸모가 없거나 수염왕에게 더 큰 손해만 주는 셈이지.

수염왕뿐 아니라 우리도 마찬가지야. 나는 게임기가 2개 있고 친구는 축구공이 2개 있어. 내가 축구공을 가지고 싶어서, 친구에게 내 게임기 1개와 친구의 축구공 1개를 바꾸자고 했지. 그런데 친구는 게임기는 싫고, 통기타를 가지고 싶대. 결국, 나는 내 게임기와 축구공을 바꿀 사람을 찾아다녀야 해. 휴, 축구공을 가지기가 정말 어렵지? 그래서 사람들은 돈을 만들었어. 내가 게임기를 팔아서 돈을 받으면 그 돈으로 친구에게 축구공을 사. 친구는 그 돈으로 기타를 살 수 있지.

다시 수염왕 얘기로 돌아가 볼까? 수염왕은 반지를 돈으로 바꾸고, 그 돈으로 집을 구했어. 집주인은 그 돈으로 자기가 필요한 것을 살 수 있을 테고, 또 수염왕은 집값으로 50만 원을 주고 남은 돈으로 자기에게 필요한 먹을거리와 따뜻한 옷 등을 살 수 있을 거야.

어때, 반지를 주고 집을 빌리는 물물교환보다 훨씬 편하고 이익이지?

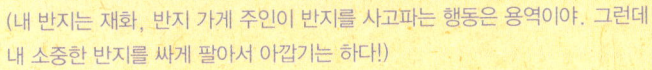

수염왕의 경제 노트

사는 데는 필요한 것이 참 많다.
밥, 옷, 집, 신발, 거울처럼 만질 수 있는 것을 재화라고 한다. 또 만질 수 없는, 사람의 노력을 용역(서비스)이라 한다.
이런 것들을 만들고 사용하고 사고파는 활동을 경제라 한다.

(내 반지는 재화, 반지 가게 주인이 반지를 사고파는 행동은 용역이야. 그런데 내 소중한 반지를 싸게 팔아서 아깝기는 하다!)

2

이 돈으로
모든 것을
다 할 수는 없고

—기회비용

"으아아아함. 잘 잤다."

다음 날, 수염왕이 기지개를 켰어. 오랜만에 따뜻하고 안전한 집에서 편안하게 잘 잤어.

침대에서 나오자, 수염왕은 세바스찬을 살폈어. 세바스찬은 아직 잠을 자고 있었어. 잠을 푹 자는 걸로 봐서는, 감기가 나은 것 같았지. 수염왕은 세바스찬의 머리를 쓰다듬어 주고는 벽난로에 장작을 더 넣었어.

어제 사온 밀가루에 물을 붓고 이리저리 치대서 반죽을 만들었어. 다시 오븐에 반죽을 구워서 빵을 만들고, 난롯불에 고기 수프도 끓였지.

"나 참, 내 손에 밀가루를 묻힐 날이 올 줄 누가 알았겠어? 궁정 요리사가 만든 전복 수프가 그립구만."

수프에 소금을 넣으며, 수염왕이 중얼거렸어. 꼬불꼬불나라의 왕이었을 때는, 최고 요리사가 만든 음식도 맛없다고 집어던지던 수염왕이었어.

"캬~ 맛있다. 내가 이렇게 요리에 소질이 있을 줄이야."

수염왕은 자신이 만든 수프에 감탄했어. 그리고 세바스찬 그릇에 수프를 덜어 주었어.

"세바스찬, 너는 이 왕이 직접 만든 음식을 먹는 것을 영광으로 알아야 하느니라."

수염왕이 세바스찬의 밥그릇에 고기를 듬뿍 넣어 주었지. 세바스찬은 수프의 냄새를 킁킁 맡더니, 천천히 수프를 먹었어.

수염왕도 작은 식탁에 앉아 수프와 빵을 먹었어. 행복했어.

아침을 먹고 설거지까지 끝내고, 청소도 끝냈어. 수염왕은 다시 식탁에 앉아서 수첩을 폈어. 그리고 수첩에 '전 재산, 40만 원'이라고 적었어. 그리고 40만 원을 어떻게 사용해야 할지 고민했어. 연필을 입에 물고 한참 고민한 끝에 수염왕은 수첩에 뭔가를 적기 시작했어.

"좋아. 이번 달에는 겨울 코트만 사고 한 푼도 쓰지 말아야지.

- 전 재산: 40만 원
- 필요한 물건: 겨울 코트 5만 원
- 저축할 돈: 35만 원
- 주의할 내용: 절약만이 살 길! 아끼고 아끼고 또 아낀다!

세바스찬, 시장에 가서 내 겨울옷을 좀 사야겠구나. 이 옷으로는 얼어 죽기 십상이거든."

수염왕은 세바스찬을 돌아보았어. 그런데 세바스찬이 이상했어. 세바스찬은 누런 콧물을 흘리며 아침에 먹은 음식을 토해내고 있었어. 좀 전까지 밥을 잘 먹었는데 지금 보니, 먹은 음식을 다 토한 거야.

수염왕은 깜짝 놀라서 세바스찬에게 달려갔어.

"이게 무슨 일이냐, 세바스찬. 네가 더 아픈 것 같구나."

세바스찬은 눈물이 고인 눈으로 수염왕을 올려다봤어. 깡마른 세바스찬이 부들부들 떨고 있었지.

"이런 이런. 돈도 없는데……. 아니다, 이 돈도 네가 지켜 준 것 아니냐. 잠깐만 기다려라."

수염왕은 수의사를 불렀어. 곧 수의사가 와서 세바스찬을 진찰했어.

"홍역입니다."

수의사는 세바스찬에게 주사를 놔 주고, 일주일치 약을 주고 갔어.

주사를 맞고, 약도 먹더니, 세바스찬은 조금씩 진정되었어. 구토를 하지 않고, 콧물도 흘리지 않았지.

수염왕은 세바스찬에게 이불을 덮어 주었어. 그리고 비단 주머니에서 남은 돈, 35만 원을 꺼냈어. 세바스찬의 치료비와 약값으로 5만 원을 썼거든. 예상하지 못한 지출이었지. 수염왕은 치료비를 썼으니, 대신 겨울 코트는 사지 않기로 했어.

"이게 내 전 재산이구나. 이 돈이 다 사라지면 나는 빈털터리! 세바스찬, 어쩌면 좋겠냐?"

수염왕은 털썩, 의자에 주저앉았어. 옆에서는 세바스찬이 한결 편해진 모습으로 새근새근 잠을 자고 있지.

'아니다. 네가 오랫동안 나를 기다리며 비단 주머니를 지켜서 그나마 이렇게 따뜻한 집에 음식도 먹을 수 있지. 이제부터는 내가 너를 지켜 주겠노라.'

수염왕은 주먹을 꽉 쥐었어.

'그래, 돈을 벌자.'

"세바스찬, 너는 집에서 푹 쉬어라. 나는 밖에 나가서 길에 떨어진 돈이 없나 찾아봐야겠다. 아니, 일자리를 구해 봐야겠다."

수염왕은 밖으로 나갔어. 먼저 직업소개소를 찾아가서 어떤 직업을 선택해야 할지 상담받았어.

"전에 어떤 일을 하셨습니까?"

"나라를 다스렸소."

"네? 다른 기술은 없습니까? 벽지를 바른다든가 차를 운전한다든가……"

"감히 나에게 그런 힘든 일을 하라는 건가? 나는 제일 높은 사장 아니면 일 안 해!"

수염왕은 기분이 나빴어. 예전엔 나라를 다스렸던 왕이었는데, 이제 힘든 일을 하라니.

수염왕과 이야기를 나누는 직업 상담사도 기분이 좋지는 않았지. 수염왕이 아무 기술도 없이, 힘든 일은 안 한다고 하고, 예전에 나라를 다스렸다는 황당한 소리만 하니 말이야.

결국, 수염왕은 아무 소득도 없이 직업소개소를 나왔어. 직접 직장을 구하려고 몇 군데 회사에 찾아갔지만, 수염왕이 직장을 구하는 것은 쉽지 않았어. 어느덧 해가 지고 추워졌어.

춥고 지친 수염왕은 시장에서 제일 허름해 보이는 국수 가게 앞을 지나갔어. 작은 국수 가게는 손님이 가득했지. 이렇게 손님이 많은 걸 보면, 국수가 맛있는 게 분명했어. 꼴깍 군침이 돌았어. 수염왕은 국수를 사 먹을까 말까 고민했어. 국수를 사 먹으면 배는 부르겠지만, 돈을 내야 하잖아. 배고픔을 참고 그냥 집으로 가면 국수값을 쓰지 않아도 되……지만 수염왕은 국수 가게로 들어갔어.

그런데 3,000원짜리 국수를 주문하고 한참을 기다려도 국수는 나오지 않았어. 수염왕은 점심을 못 먹어서 배가 고픈데다, 직장도 구하지 못하고, 집에서 세바스찬이 기다리는 것 등등을 생각하니 화가 나기 시작했지. 아무리 국수가 맛있다고 해도 더 기다리기가 어려웠어. 10초만 더 기다렸다가, 버럭 화를 내고 가게를 뛰쳐나가리라……. 마음먹었어. 그런데 드디어 수염왕이 주문한 국수가 나온 거야. 얼른 따뜻한 국물을 후루룩 마셨어. 깜짝 놀랄 맛이었지.

"우웩."

구역질이 났어. 주위를 둘러보니 다른 손님들도 오만상을 찌푸리며 억지로 국수를 삼키는 모습이었지.

"주인장, 국수 맛이 왜 이래요? 맛이 너무 없네."

누군가 투덜거렸어. 그러자 가게에 있던 손님 모두 고개를 끄덕였어.

"이 가격에 호텔 요리 맛을 기대했으면 손님이 아니고 도둑이지, 도둑이야. 먹기 싫으면 썩 나가시우."

주인이 소리쳤어. 그러자 이번에도 손님들이 모두 고개를 끄덕였지. 그리고 다들 꾸역꾸역 국수를 다시 먹기 시작했어.

국숫집에 손님이 가득했던 이유는 오직 하나, 가격이 싸다는 거였어.

국수를 겨우 삼키며, 수염왕이 중얼거렸어.

"윽! 이 국수는 아무리 배가 고파도 두 번은 못 먹겠다. 내가 왕이었을 때 먹었던 '왕의 국수'는 참 맛있었는데 말이야……."

그 순간 수염왕은 뭔가 깨달은 듯, 벌떡 일어났어. 그리고 국수 값을 식탁에 던져 놓고 가게 밖으로 달려 나왔어.

'오호~ 그래. 그거야, 바로 그거!'

수염왕은 어둑어둑한 거리를 수염을 휘날리며 달려갔어.

수염왕은 겨울 코트를 사려고 했던 5만 원을 세바스찬의 치료비로 썼어요. 대신 겨울 코트를 사지 않았어요. 겨울이라 추웠을 텐데, 겨울 코트를 왜 안 샀을까요?

수염왕이 가진 돈은 40만 원이야. 이 중에서 5만 원은 겨울 코트를 사고 35만 원은 미래를 위해서 저축하기로 했지. 그런데 예상하지 못한 일이 벌어진 거야. 세바스찬이 아팠지. 이때, 수염왕은 선택할 수 있어. 세바스찬에게 싹나아감기약만 먹이고 자신은 5만 원으로 겨울 코트를 살 수 있지. 아니면 세바스찬도 치료받고 자기도 겨울 코트를 살 수도 있어. 그러면 치료비 5만 원과 겨울 코트값 5만 원을 써야 하지. 그러면 저축할 돈이 30만 원이 되겠지.

그런데 수염왕은 세바스찬의 치료비에 5만 원을 쓰고, 자기 겨울 코트는 사지 않기로 했어. 겨울 코트가 아니라 치료비를 선택한 거야. 왜 그랬을까? 그건 앞에서 말한 대로 수염왕의 전 재산이 40만 원이기 때문이야. 만약 수염왕에게 아주 많은 돈이 있다면 치료비와 고급스런 겨울 코트뿐 아니라 번쩍거리는 자동차, 폭신한 침대와 이불, 커다란 텔레비전과 컴퓨터도 샀을지 몰라.

수염왕이 원하는 것이 아무리 많아도, 그것을 살 돈이 부족해. 그래서 원하는 것 중 어떤 것은 선택하고 나머지는 포기해야 해.

수염왕뿐 아니라 우리는 항상 선택을 하면서 살아. 오늘 아침에 너무 졸려서 평소보다 30분 더 자는 것을 선택했다면 어떨까? 아마 시간에 쫓겨서 아침을 거르고 학교에 가거나 아예 지각을 할지도 몰라. 이처럼, 선택에는 항상 대가가 따르지. 수염왕이 세바스찬의 치료비로 5만 원을 쓰기로 선택한 대가는, 겨울 코트를 살 수 없다는 거지.

그런데 수염왕이 겨울 코트를 사지 않아서 감기에 걸린다면, 겨울 코트를 사지 않을 것을 후회하지 않을까?

수염왕은 세바스찬의 치료비를 선택했지만, 겨울 코트를 선택할 수도 있었어. 수염왕은 왜 치료비를 선택했을까? 그건 세바스찬을 치료하는 것이 겨울 코트를 사는 것보다 더 큰 기쁨(만족)을 주기 때문이야. 선택을 하면 나머지를 포기해야 해. 치료비를 선택한 대신 겨울 코트를 포기한 것처럼 말이야. 이때, 선택한 대가로 포기해야 하는 것을 '기회비용'이라고 해. 치료비의 기회비용은 바로 겨울 코트지.

그런데 만약, 수염왕이 겨울 코트를 사지 않아서 독감에 걸렸다면 어떨까? 그래서 겨울 코트를 사지 않은 것을 후회한다면, 그건 수염왕이 현명한 선택을 하지 못한 거야. 치료비 대신 겨울 코트를 살 수도 있고, 저축을 덜하는 대신 겨울 코트를 살 수도 있었으니까. 이렇게 후회하지 않는 현명한 선택을 하는 것이 아주 중요해.

경제를 알아야 하는 이유도, 어떤 선택을 해야 후회 없는 현명한 선택인지를 익히기 위해서야. 수염왕이 3,000원짜리 국수를 사 먹느냐 마느냐를 고민하다 국수를 선택한 것을 생각해 보자. 국수는 3,000원이 아까울 정도로 맛이 없었잖아. 그건 현명한 선택이었다고 할 수 없지.

수염왕의 경제 노트

1시간 동안 게임을 하는 것, 1시간 동안 책을 읽는 것, 1시간 동안 친구와 노는 것. 어떤 것을 선택할까? 우리에게 가장 만족이 큰 것을 선택하는 게 중요해. 이것이 경제의 가장 중요한 원칙이지.

(에이취! 아휴, 추워! 겨울 코트를 살까 말까? 만약 겨울 코트를 사면, 그 대가로 저축을 조금밖에 못 해. 맞아! 세상에 공짜는 없다! 오늘의 교훈은 이거야!)

3

장사를 시작하다, 꼬불꼬불면 출시!

-3대 생산요소

대문을 열자, 세바스찬이 달려와서 펄쩍펄쩍 뛰었어.
코도 촉촉해지고 컹컹 짖어대는 소리도 컸지.

"오~ 세바스찬, 이제 다 나은 것이냐! 다행이다!"

수염왕은 세바스찬의 머리를 쓰다듬어 주었어.

"내게 좋은 생각이 있다, 세바스찬! 잠깐만 기다려 보아라."

수염왕은 서둘러 주방으로 달려가서 손을 씻었어. 그리고 주방에 있는 음식 재료를 몽땅 꺼냈어. 밀가루와 식용유, 소금, 고기 등이 식탁에 가득 쌓였어. 수염왕은 밀가루에 물을 넣어서 반죽해 식탁 한쪽에 놓고, 이번엔 큰 냄비에 고기와 파, 마늘, 고춧가루, 후추 등의 갖은 양념을 넣어 끓였지. 한참을 기다려서 수염왕은 밀가루 반죽을 밀대로 얇게 밀었어. 그리고 가늘게 썬 국수를 잘 펴서 난로 앞에 널어놨지.

"여기까지라면 일반 국수와 다를 게 없지."

수염왕은 중얼거리더니, 바싹 마른국수를 뜨거운 기름에 살짝 튀겼어. 그리고 튀긴 국수를 팔팔 끓인 국물에 넣었어. 정확하게 1분 뒤, 면이 잘 익자 그릇에 보기 좋게 담았지.

"다 됐다."

수염왕은 긴장한 표정으로 국물을 마셨어. 면도 신중하게 맛을 보았지. 쫄깃쫄깃하게 씹히는 맛이 그만이었어.

"그렇지, 바로 이 맛이야."

수염왕은 감탄했어.

맞아. 수염왕이 맛없는 국수를 먹다가 떠오른 사업은 바로, '왕의 국수'를 만들자는 거였어. 꼬불꼬불나라의 왕만 먹을 수 있었던 '왕의 국수' 말이야.

'됐어, 이걸 파는 거야. 잘했다, 잘했어. 수염왕아! 왕의 국수를 생각해 낸 것만도 기특한데, 그 맛을 똑같이 살리다니……. 정말 잘했다.'

수염왕은 자신의 머리를 쓰다듬었어. 자신이 너무나 기특했거든.

매일 아침, 수염왕은 자리에서 일어나자마자 주방에서 국수를 만들었어. 재료를 바꿔서 다양한 국물 맛을 내 보고, 면발의 굵기도 바꿔가며 요리했어. 그러다 국수 면발을 앞뒤로 접어서 꼬불꼬불하게 했어. 사업할 생각을 하니, 쉬는 시간도 아까웠어.

"내가 만들고 팔 제품은 바로 국수. 기름에 튀겨서 쫄깃쫄깃하고, 요리도 빨리 되고, 그리고 디자인도 독특한 꼬불꼬불한 면발. 여기에 왕만 먹었던 국물을 결합한 국수! 참참참! 이 멋진 국수에 이름도 있어야겠지? 으흠…… 이름은…… 꼬불꼬불한 국수니까, 그래, '꼬불꼬불면'이라고 하자."

국수 맛에 자신이 생기자 수염왕은 시장을 조사했어. 국수를 누구에게, 얼마에, 어디서 팔아야 할지 정해야 하니까. 수염왕은 마을을 몇 바퀴 돌며 주의 깊게 살폈어. 그리고 조사한 것을 꼼꼼히 수첩에 적었지.

이번엔 수염왕이 팔 국수(제품)의 가격을 정해야 했어, 그래서 국수를 만드는 데 필요한 밀가루, 달걀, 파, 마늘, 멸치, 고기 등의 원료비를 알아봤어. 원료비보다 국수값이 비싸야, 국수를 팔고 돈이 남으니까. 그래야 사업의 목적인 이윤이 생기는 거야.

- 소비자(국수를 사 먹는 사람): 국수는 젊은 사람보다는 나이 든 사람이 많이 사 먹는다.
- 가격: 3,000~5,000원. 싸야 잘 팔린다.
- 장소: 백화점처럼 화려한 곳보다는 시장 안 가게나 길거리 포장마차, 작은 가게
- 특별한 점: 일을 하던 사람들이 잠깐 쉬는 시간에 와서 빨리 먹고 갈 수 있어야 한다.

 그리고 다른 국수 가게에서는 얼마에 국수를 파는지도 꼼꼼히 알아봤지. 경쟁 상대에 대해 잘 아는 것은 아주 중요하거든. 그래야 경쟁 상대보다 더 많이 국수를 팔 수 있을 테니까.

 수염왕은 집에 돌아와서 시장 조사한 결과를 곰곰이 생각했어. 수염왕의 돈으로 사기에는 쇠고기와 사골이 너무 비쌌어. 우울했지. 하지만 수염왕은 기운을 냈어. 비싼 재료는 조금씩만 넣고, 부족한 부분은 수염왕의 엄청난 솜씨로 해결하면 되니까 말이야.

국수 만드는 데 필요한 재료 (원료비)

- 밀가루: 8,000원
- 달걀: 4,800원
- 파: 1,500원
- 버섯: 2,300원
- 마늘: 2,000원
- 쇠고기: 25,000원 (비싸다. --;)
- 사골: 45,000원 (너무 비싸다. ㅜ.ㅜ)
- 고춧가루: 5,000원
- 기타 양념: 3,300원

재료비 외에도 수염왕은 생각할 것이 많았어.

'나는 어디서 국수를 팔아야 할까? 사람이 많은 곳이어야 손님도 많겠지?'

그러다 수염왕은 무릎을 쳤어.

'맞아. 포장마차에서 국수를 사 먹는 손님은 주머니가 가벼운

사람들이야. 저번에 내가 시장에서 국수를 사 먹은 것처럼 말이야.'

밤이었지만, 수염왕은 시장으로 달려갔어. 맛없었던 그 국숫집은 여전히 손님이 많았어.

'그래, 내가 만든 국수가 저 국수 가게 국수보다 훨씬 맛있으니, 분명히 장사가 잘될 거야.'

수염왕은 가게를 빌릴 돈이 없었기 때문에, 시장 입구에 포장마차를 세우고 장사를 하기로 했어.

그런데 수염왕이 가진 돈은 35만 원뿐이야. 수염왕은 35만 원을 사업에 사용할 자본금으로 전부 쓰기로 했어. 자본금 35만 원에서, 30만 원으로 목공소에서 포장마차를 사고, 시장에서 밀가루, 파, 멸치 등의 국수 재료를 샀어.

수염왕은 자신이 있었어. 충분히 시장조사도 했고, 국수 맛도 자신 있었거든.

'내일부터 수염왕의 국수 사업이 시작된다.'

수염왕은 설렜어.

아침 일찍 수염왕은 포장마차를 끌고 시장으로 향했

어. 이른 시간이지만 시장은 사람들로 북적였지. 수염왕은 시장 입구에 포장마차를 세웠어. 그리고 서둘러 국수 국물을 끓였어. 그때, 험상궂은 남자가 붕어빵 포장마차를 끌고 왔어. 그러더니 수염왕의 포장마차를 발로 차며 소리쳤어.

"이봐요, 왜 남의 자리에서 장사를 하고 그래요. 여긴 내 자리예요. 어서 비켜요."

할 수 없이 수염왕이 국수 포장마차를 끌고 붕어빵 포장마차 옆으로 옮겼어. 그랬더니 이번엔 아주머니 두 사람이 떡볶이 포장마차로 밀어붙였어.

"아저씨, 여긴 우리 자리예요. 저리 비키세요."

이번엔 수염왕도 가만히 있지 않았어.

"먼저 자리 잡으면 그만이지, 네 자리 내 자리가 어디 있어? 난 절대로 못 비켜."

"이 아저씨가 뭘 모르네. 이 자리는 다 임자가 있어요. 10년도 더 됐는데 어딜 남의 자리를 욕심내요?"

"남의 자리를 지켜 주는 게 여기 규칙이에요. 그런 것도 모르면서 무슨 장사를 한다고, 저리 비켜요."

"못 비켜! 내가 먼저 왔다고!"

수염왕은 버텼어. 붕어빵 주인은 무섭게 생겨서 피했지만, 아줌마들에게까지 밀릴 수는 없었어. 이래 봬도 한때 이 나라의 왕이었던 사람이 말이야. 그러자 떡볶이 주인이 수염왕의 국수 국물을 바닥에 쏟아 버렸어. 주위에 장사하는 사람들도 다 아주머니 편을 들었지.

수염왕은 억울했지만 어쩔 수 없었어.

수염왕은 포장마차를 끌고 빈 장소를 찾아다녔어. 이미 좋은 자리는 각종 장사꾼이 다 차지하고 있었어. 겨우 찾은 장소가 주차장 뒤였어.

'여기에선 시장은 보이지도 않잖아. 사람도 없고. 누가 주차장 뒤에서 국수를 사 먹겠어?'

수염왕은 그만 풀이 죽고 말았어. 국수 장사가 저절로 잘될 줄 알았는데 막상 사업을 시작하니 만만치 않았어. 꼬불꼬불면을 사 먹을 사람이 있을지도 걱정이었어. 또 왕이었던 자신이 포장마차에서 국수를 파는 신세가 되었다는 생각이 드니, 초라해 보일까 봐 걱정도 되었어. 누군가 자신을 아는 사람이라도 만나면 어떻게 하나, 수염왕은 시간이 지날수록 자신이 없어졌어. 그래서 고개를 푹 숙이고 국물만 휘젓고 있었지.

그렇게 시간이 지나서 어느새 어둑어둑해졌어.

"국수 한 그릇에 얼마요?"

허리가 꾸부정한 할머니 한 분이 물었어.

"네?"

"국수 가격이 얼마냐고요?"

"사, 삼천 원이요."

"한 그릇 주시구려."

여섯 시간 만에 첫 손님이었어. 수염왕은 손님이 왔다는 게 신기했어. 하지만 신이 났지. 수염왕은 정성껏 꼬불꼬불면을 끓여서 할머니 앞에 놓았어.

할머니는 국수를 한 젓가락 떠서 입에 넣더니 눈이 동그래졌어.

"세상에, 내 나이 80에 이렇게 맛있는 국수는 처음이네. 가격이 싸서 맛은 기대를 안 했는데 말이야. 어쩜 이렇게 맛있게 국수를 만드시오?"

"히히히. 제가 워낙 음식 솜씨가 좋아서요."

수염왕은 할머니의 칭찬에 입이 귀에 걸릴 만큼 기뻤어.

"내일 당장 내가 친구랑 한 번 더 와야겠구먼. 그런데 주인 양반, 그렇게 고개를 팍 숙이고 있으니 누가 믿고 오겠소? 자신 있게 팔아요, 자신 있게. 국수 맛은 최고니까."

할머니는 수염왕에게 엄지손가락을 세워 보였어.

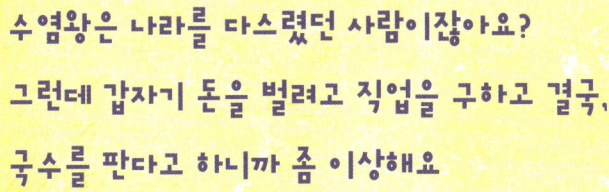

수염왕은 나라를 다스렸던 사람이잖아요?
그런데 갑자기 돈을 벌려고 직업을 구하고 결국,
국수를 판다고 하니까 좀 이상해요

맞아. 수염왕은 나라를 다스렸던 왕이었어. 그리고 국민에게 쫓겨난 다음에도 다홍치마마을의 대표로 정치를 했었지(정치 편 참고). 그런 수염왕이 갑자기 직업을 구하니 좀 이상하지? 하지만 조금 더 생각해 보면 그리 이상한 일은 아니야. 나라의 일을 결정하고 나라에 관한 일을 하는 정치인이나 공무원도 직업의 한 종류거든. 그러니 정치인이었던 수염왕이 다른 일을 하는 건, 단지 직업을 바꾼 것뿐이지. 그럼 직업에는 어떤 것들이 있는지 함께 알아볼까?

사람들에게 필요한 재화나 용역(서비스)을 만드는 것을 '생산'이라고 해. 수염왕은 꼬불꼬불면을 생산하고, 꼬불꼬불면을 요리해서 팔기도 하지.

산업은 무엇을 만드는 활동을 말해. 산업이 무엇을 만드는지에 따라 나눌 수 있지. 쌀, 배추, 사과 등을 농사짓는 것은 농업이라고 해. 소, 돼지, 닭, 염소 등의 가축을 기르는 직업을 축산

업이라고 하지. 마찬가지로 물고기나 김, 미역 등을 기르거나 잡고, 조개를 캐는 일은 수산업이라고 해. 나무를 심거나 베는 것, 버섯과 약초 등을 캐는 직업을 임업이라고 하지. 이렇게 논이나 산, 바다 같은 자연에서 직접 재화를 생산하는 것을 1차산업이라고 해.

그리고 1차산업에서 생산한 재화를 가공하는 것을 2차산업이라고 해. 예를 들면 1차산업에서 생산한 나무를 이용해서 가구를 만드는 것은 2차산업이야. 땅을 파서 생산한 흙으로 건물과 다리 등을 짓는 건설업도 2차산업이지. 수염왕처럼 농사를 지어 생산한 밀로 국수를 만드는 것을 공업이라 해. 공업도 2차산업이지.

수염왕이 국수를 손님에게 파는 것은 서비스업이야. 1, 2차산업은 만질 수 있는 재화를 생산하는 것이고, 만질 수 없는 용역(서비스)을 생산하는 것은 서비스업이지. 수염왕뿐 아니라 버스 기사, 교사, 의사, 경찰, 가수, 탤런트 등도 다 서비스업을 하는 사람이야.

수염왕은 전 재산이 35만 원이잖아요. 이 돈으로 꼬불꼬불면을 만들어서 잘 팔 수 있을지 걱정이에요.

앞에서 알아본 재화와 서비스를 생산하려면 여러 가지가 필요해. 이것을 생산요소라고 하는데, 토지와 노동, 자본을 3대 생산요소라고 하지. 토지는 물, 공기, 땅처럼 자연에서 얻는 거야. 노동은 생산하는 사람들의 노력을 말하고, 자본은 생산하는 데 필요한 도구, 기계, 돈을 말하지.

그러니까 수염왕이 꼬불꼬불면을 만들어 팔기 위해 사용한 35만 원은 자본이지. 이 돈으로 포장마차를 사고 꼬불꼬불면의 재료를 샀지. 그런데 사업을 하려면 자본뿐 아니라 토지와 노동도 필요하잖아. 수염왕의 꼬불꼬불면을 생각해 보면, 꼬불꼬불면을 만드는 장소, 즉 땅이 필요하지. 수염왕이 꼬불꼬불면을 요리하는 노동, 꼬불꼬불면을 파는 노동도 있어야 하고 말이야. 그리고 무언가를 만드는(생산) 데 필요한 돈을 비용이라고 해.

다행히 수염왕은 35만 원으로 꼬불꼬불면을 생산할 수 있었어. 그런데 더 중요한 것은 생산성을 높이는 거야. 더 적은 비용으로 더 많이 생산할 수 있어야 하지. 만약 수염왕이 5만 원을 사용해서 꼬불꼬불면의 재료를 사고 온종일 일해서 꼬불꼬불면을 60그릇 만들었다고 하자. 그런데 이 책을 읽는 여러분이 4만 원을 사용해서 2시간 동안 일했는데 꼬불꼬불면을 60그릇 만들었어. 그럼 여러분이 수염왕보다 생산성이 더 높은 거야. 여러분이 더 적은 자본을 사용하고 더 적게 일해서 60그릇을 만들었기 때문에 수염왕보다 더 싸게 국수를 팔 수 있을 거고, 가격이 싸면 더 많이 팔 수 있는 거지.

그럼 전 재산을 꼬불꼬불면을 만들어 파는 데 사용한 수염왕은 어쩌면 좋을까? 수염왕이 어떻게 생산성을 높일지 뒤에서 알아보자.

수염왕의 경제 노트

사람에게 필요한 재화와 서비스를 만드는 것을 생산이라고 하고, 생산한 대가를 소득이라 한다. 생산하려고 사용한 생산요소의 값, 즉 비용을 빼고 남은 소득이 이윤이다. 그러므로 이윤이 많이 남으려면 적은 비용으로 소득을 얻는 것이 중요하다. 즉 생산성이 높아야 이윤이 많아진다.

(옳거니! 꼬불꼬불면의 생산성을 높여야 해. 그런데 토지를 줄일 수는 없으니, 일하는 시간을 줄이고, 꼬불꼬불면의 재룟값을 줄여야겠군. 문제는……
어떻게 줄이느냐고!!!)

사업에 큰 성공을 거둔 수염왕

4

– 근로소득, 사업소득, 재산소득

"오늘은 장사가 좀 되려나?"

어제 겨우 국수 한 그릇을 판 수염왕은 걱정이었어. 할머니가 친구를 데리고 온다고는 했지만, 믿을 수는 없었지.

하지만 수염왕은 국수 국물을 맛보며 정성껏 끓였어.

그런데 주차장 안에서 사람들이 웅성거리는 소리가 들렸어. 소리는 점점 커졌지. 수염왕이 궁금해서 포장마차 밖으로 나왔어. 세상에, 어제 왔던 할머니가 수십 명의 할머니, 할아버지를 데리고 수염왕을 향해 오고 있는 거야.

"주인 양반, 놀라긴! 내가 어제 분명히, 친구랑 같이 온다고 했잖우. 그래, 국수는 넉넉히 준비했수?"

할머니는 수염왕을 보며 인사했어.

수염왕은 어안이 벙벙해서 입만 벌리고 있었어.

"어여 국수 주시구려."

수염왕은 신이 나서 국수를 삶았어. 포장마차 안의 의자가 모자라서, 손님들이 서서 국수를 먹어야 했지.

"허! 그 맛 한번 좋네. 내일은 자식이랑 손주 녀석들 데리고 다시 와야겠어."

"그러게요. 이렇게 맛있는 국수는 칠십 평생에 처음이네요."

"이렇게 꼬불꼬불한 국수도 처음 먹어 봐요. 탱탱하고 쫄깃쫄깃하고."

"솔직히 이 꼬불꼬불면을 먹을 수 있다는 걸 영광으로 아십시오. 히히히."

국수를 먹는 할머니 할아버지들이 칭찬을 아끼지 않았어. 수염왕은 '맛있다'는 말이 너무나 듣기 좋았어. 궁궐에서 수십 명의 주방장이 요리를 바쳤을 때가 생각났어. 수염왕은 그때 맛있어도 맛있다고 말해 준 적이 없었거든. 수염왕은 할머니 할아버지들이 고마웠어.

수염왕은 땀을 뻘뻘 흘리며 국수를 만들었어. 더 달라는 손님에게는 국수를 공짜로 더 주었지.

"주인 양반 음식 솜씨가 보통이 아니지?"

어제 왔던 할머니가 주위 사람들에게 물었어.

"그러게요. 음식만 맛있는 게 아니라 재밌기까지 하니, 장사가 아주 잘 되겠어요."

"크크크. 다 제가 잘난 덕분입니다."

수염왕은 어깨가 으쓱했어.

"잘 먹었소이다."

"맛있게 잘 먹었어요. 나는 여기 단골 되겠어요."

할머니 할아버지들이 국물 한 방울까지 깨끗이 비우며 말했어.

"소비자의 마음에 아주 딱 들어맞는 제품을 만들어야 장사가 잘되지. 앞으로도 열심히 해 봐요."

왕발 할머니가 수염왕의 팔을 툭 치며 윙크했어.

"히히히. 저도 잘 압니다. 안녕히 가십시오."

수염왕은 머리가 땅에 닿을 듯 고개 숙여 인사했어. 수염왕의 마음은 복잡했어. 일하는 기쁨도 컸고 인제 더는 왕이 아니라 평범한 시민이 되었다는 슬픔도 있었지. 수염왕은 손님들을 향해 손을 흔들어 인사하며 앞치마로 눈물을 닦았어.

그날부터 수염왕의 국수는 불티나게 팔렸어. 한 번 국수 맛을

본 사람이 다른 손님을 데리고 오니 금세 입소문이 나서 수염왕의 국수는 없어서 못 팔 지경이었어.

밤늦게 집에 도착한 수염왕은 식탁에 앉아 오늘 번 돈을 셌어. 발치에는 세바스찬이 배를 깔고 누워 있었지.

"28, 29, 30. 오늘은 30만 원을 벌었구나."

수염왕은 식탁에 앉아서 수첩에 오늘 매출 금액 30만 원. 그리고 국수 원료비(생산비) 10만 원. 이윤 20만 원이라고 적었어. 수염왕은 흐뭇하게 웃으며 통장도 펼쳐 보았어. 매일매일 돈이 쌓이고 있었지. 수염왕은 통장에 뽀뽀를 쪽 하고는 비밀 금고에 돈과 통장, 수첩을 넣었어.

이번엔 수염왕의 일을 도와줄 사람, 노동자를 뽑기로 했어. 수염왕 혼자 장사를 하기 어려울 정도로 손님이 많았거든.

"세바스찬, 나를 사장님이라고 불러라. 회사의 대표니까 사장. 히히히. 수염 왕 사장님! 히히히. 좋구나!"

수염왕은 직업소개소에서 직원을 추천받았어. 여덟 달 전만 해도 수염왕이 직업을 구하려고 찾아왔던 곳이지.

"내가 원하는 직원은 이렇습니다. 일단, 일을 열심히 하고 월급은 쪼끔만 받을 사람이요. 특별한 기술은 없어도 되고요. 내가 다 아니까. 음~ 그리고 특히, 무엇보다 중요한 것은, 사장인 내 말을 잘 들어야 한다는 겁니다."

"요즘은 노동자의 권리를 잘 지켜줘야 합니다. 아무리 사장이어도 자기 마음대로 노동자를 대하면 안 된다고요."

"헹! 내가 취직하려고 할 때는, 회사들이 다 까다롭게 굴어서 취직을 안 시켜 주더니, 이젠 내가 사장이 되니까 노동자 권리가 어쩌고 그런 소리를 하시오?"

"그런 게 아니라, 사장이나 노동자나 다 함께 회사의 주인이라는 겁니다. 사장님 회사 같은 곳에 누가 취직을 하려고 하겠습니까?"

"말도 안 되는 소리! 회사의 주인은 사장이오. 오직 나 한 사람뿐이라고."

수염왕은 직업소개소 문을 박차고 나왔어.

노동자가 회사의 주인이라니, 그건 말도 안 되는 소리라 생각했어. 그런데 뒤에서 누군가 수염왕을 불렀어.

"저, 사장님."

수염왕이 뒤를 돌아보자, 젊은 여자가 서 있었지.

"무슨 일이요?"

수염왕이 퉁명스럽게 물었어.

"저는 '성실해'라고 해요. 저를 직원으로 뽑아주시겠어요? 일은 정말 열심히 할 수 있어요."

성실해는 두 손을 가슴에 모으고 간절히 말했어. 수염왕은 성실해를 자세히 살펴보았지. 성실해는 짙은 화장을 했지만, 얼굴은 어려 보였어. 낡은 코트를 입고 있었지.

"월급은 쪼끔밖에 못 줘."

"괜찮아요."

"그래? 그런데 직업을 구하기엔 좀 어린 것 같은데……. 일을 너무 만만하게 보는 거 아닌가?"

"저는 어떤 일이라도 다 잘해요."

"좋아. 하지만 어리다고 해서 봐주지 않을 테니까 열심히 일하라고. 내 말에는 절대 충성하고."

이렇게 해서 성실해는 수염왕의 첫 직원이 되었어.

수염왕과 성실해가 함께 일하자, 장사는 더욱 잘 되었어. 수염왕 혼자 일했을 때는 국수를 못 먹고 가는 손님도 있고, 수염왕

이 불친절해서 그냥 가는 손님도 있었거든. 두 사람은 일을 나누어서 했어. 수염왕은 꼬불꼬불면을 만들고, 성실해는 손님 시중을 들었어. 수염왕 혼자 일했을 때는 손님이 직접 꼬불꼬불면 그릇을 받아와야 했지만, 성실해는 손님 앞에 얌전히 그릇을 놓아주고 물도 가져다주었지. 성실해는 손님에게 아주 친절하고 일도 열심히 했어.

 수염왕은 꼬불꼬불면의 가격도 4,000원으로 올렸어. 꼬불꼬불면을 사 먹는 손님(수요자)이 많으니 국수값을 올리기로 했지. 한 달 뒤에 계산해 보니, 성실해에게 임금을 주고도 훨씬 이윤이 많아졌어.

 그러던 어느 날, 수염왕이 은행에 가서 성실해 혼자 포장마차에 있는데, 두 부부가 보온병을 들고 찾아왔어.

 "꼬불꼬불면 한 그릇만 포장해 주세요."

 "저희는 포장해서는 안 파는데요. 집에 가져가시는 동안 국수가 불어서 맛이 없어지니까요."

 "그건 아는데, 저희 어머니께서 요즘 통 식사를 못하세요. 그런데 여기 국수는 드실 수 있을 것 같다고 하셔서."

"여기 보온병에 담아 가면 될 것 같은데요."

"어머, 그러세요. 어쩌죠?"

성실해는 곰곰이 생각했어. 그러다 삶기 전의 국수를 팔기로 했어. 국물은 보온병에 따로 담았지.

두 부부는 안심한 듯, 행복한 미소를 지었어.

그 뒤에도 꼬불꼬불면을 포장해 달라는 손님들이 계속 있었어.

임신한 아내가 꼬불꼬불면을 먹고 싶어 한다며 포장해 달라는 젊은 남편도 있었지. 하지만 막상 포장해 간 손님들은 포장마차에서 먹은 꼬불꼬불면보다는 맛이 없었다고 아쉬워했지. 그럴 때마다 성실해는 안타까웠어.

밀가루 가격이 내려가서 수염왕의 기분이 좋은 어느 날이었어.

"수염 왕 사장님, 제게 훌륭한 아이디어가 있는데요?"

"훌륭한 아이디어? 성실해 노동자, 참, 건방지구나. 훌륭한 아이디어는 오직, 이 수염 왕 사장님만이 낼 수 있는 거야."

"그럼…… 말하지 말까요?"

"뭐? 그, 그건 아니고. 좋아, 뭐 별로 훌륭하진 않겠지만, 특별히 내가 들어 주마. 짤막하게 후다닥 말해 보아라."

"네. 저의 별로 훌륭하지 않은 아이디어는요, 꼬불꼬불면을 포장해서 파는 거예요. 손님들이 집에 싸가고 싶어 하거든요."

"에헹? 꼬불꼬불면을 집에? 별로 훌륭하지 않은 게 아니라, 전혀 훌륭하지 않잖아! 집에 가져가는 동안 면이 불면 맛없어."

"그러니까 새로운 방법을 개발해야지요. 면을 삶지 않고 팔 수도 있잖아요."

"면을 안 삶아? 호~ 고거, 생각해 볼 만한 아이디어구나."

수염왕은 성실해의 이야기를 곰곰이 생각했어. 꼬불꼬불면을 내 가게가 아닌 곳에서도 먹을 수 있다면 어떨까? 괜히 내 요리 비법만 알려 주는 거 아닐까? 아니지, 아니지. 꼬불꼬불면을 특허 내면 아무도 따라 할 수 없을 거야. 그런데 어떻게 해야 내 꼬불꼬불면을 손님들이 집에서 맛있게 먹을 수 있을까? 그것도 아무 때나 말이야.

"오호호~ 그래. 바로 그거야!"

수염왕은 손뼉을 쳤어.

면은 삶지 않고 말린 상태 그대로 넣고, 국수 국물은 진하게 만들어서 물에 넣고 끓여 먹게 하는 거야. 파, 버섯, 고춧가루 등의 재료는 아주 작게 썰어서 말린 다음 넣고.

 수염왕은 당장 해 봤어. 어떤 제품을 만들지 다 정했으니, 이제 그런 제품을 실제로 만드는 일만 남았어. 하지만 재료가 아무리 좋아도, 제대로 삶지 않으면 맛이 없지. 그래서 꼬불꼬불면의 포장지에 요리 방법을 자세히 적어 주기로 했어.

"이제 국물 맛을 낼 소스, 건더기 수프만 만들면 된다!"

 포장용 제품을 완성하기엔 멀었지만, 수염왕은 모든 일이 다 끝난 듯 소리쳤어.

수염왕이 꼬불꼬불면의 가격을 3,000원에서 4,000원으로 올렸어요. 가격을 마음대로 올려도 되나요?

결론부터 말한다면, 수염왕은 가격을 마음대로 올린 게 아니야. 가격을 마음대로 올렸다가는 망할지도 모르니까. 그러니 가격을 어떻게 정하는 게 좋을지를 먼저 알아볼까?

가격은 재화와 용역(서비스)의 가치를 돈으로 나타낸 것을 말해. 꼬불꼬불면을 사 먹기 위해서는 3,000원을 내야 하니까, 꼬불꼬불면의 가치는 3,000원이야. 그런데 가격을 4,000원으로 올렸으니 그 가치가 4,000원으로 오른 거지. 참, 세바스찬이 아팠던 적이 있었지? 그때 세바스찬을 치료한 수의사의 용역은 5만 원의 가치가 있는 거야.

다시 수염왕의 꼬불꼬불면 가격을 생각해 보자. 가격은 재화와 용역을 사고파는 것이 먼저 있어야 해. 만약 수염왕이 꼬불꼬불면을 팔지 않는다면 가격을 정해 봤자 아무 소용도 없으니까. 다시 말해서, 꼬불꼬불면의 가격은 꼬불꼬불면을 사고파는 과정에서 결정되는 거지.

수염왕이 꼬불꼬불면을 파는 건, 꼬불꼬불면을 공급하는 거야. 그리고 소비자가 꼬불꼬불면을 사는 건, 꼬불꼬불면의 수요가 있다는 거지. 수염왕은 꼬불꼬불면의 처음 가격은 3,000원이었어. 3,000원이면 수염왕은 꼬불꼬불면을 만드는 데 사용한 비용을 빼고도 이윤이 남았어. 그리고 꼬불꼬불면을 사는 소비자도 부담스럽지 않았지.

그런데도 수염왕이 가격을 4,000원으로 올렸지? 그 이유는 꼬불꼬불면이 잘 팔리기 때문이야. 다시 말해서 꼬불꼬불면을 사려는 수요가 많아지면 가격은 올라가는 거지. 가격을 올려도 잘 팔릴 테니까 수염왕은 1,000원씩 더 벌 수 있잖아. 그런데 만약 꼬불꼬불면이 잘 팔린다는 사실을 알고, 떡볶이 장수도 똑같은 꼬불꼬불면을 판다면, 소비자는 수염왕의 꼬불꼬불면과 떡볶이 장수의 꼬불꼬불면 중에서 더 싼 것을 사 먹게 될 거야. 그러니 꼬불꼬불면의 가격은 내려갈 수밖에 없지. 이렇게 공급이 많아지면 가격은 내려간단다.

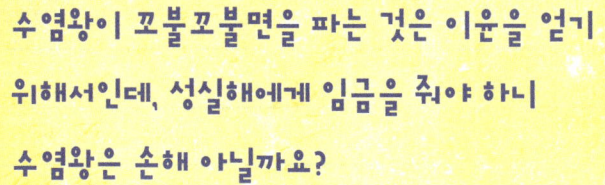

수염왕이 꼬불꼬불면을 파는 것은 이윤을 얻기 위해서인데, 성실해에게 임금을 줘야 하니 수염왕은 손해 아닐까요?

앞에서 이윤을 더 많이 얻으려면 생산성을 높이는 게 중요하다고 했지? 그런데 생산성을 높이는 방법에는 여러 가지가 있어. 꼬불꼬불면을 파는 수염왕은, 원료를 더 싸게 사기, 기계로 꼬불꼬불면을 더 빨리, 더 많이 뽑기 등등의 방법이 있겠지. 앞의 이야기처럼 포장용 꼬불꼬불면을 개발하는 방법도 있고, 여럿이 일을 나눠 하는 방법도 있어.

혼자 재료를 사 오고, 그 재료로 꼬불꼬불면을 만들고, 다시 포장마차에서 꼬불꼬불면을 끓여서 팔고……. 이렇게 수염왕 혼자서 일을 하면 꼬불꼬불면을 많이 팔기 어려워. 수염왕이 너무 바빠서 손님이 그냥 가 버리기도 했잖아.

하지만 성실해와 일을 나눠서 하면 훨씬 쉽게 일할 수 있고 더 많이 팔 수 있지. 그리고 일을 더 잘할 수도 있어. 수염왕은 꼬불꼬불면을 만드는 것만 하니까 꼬불꼬불면을 만드는 기술이 점점 좋아질 거야. 성실해는 꼬불꼬불면을 팔기만 하니까 손님에게 더 친절할 수 있지. 수염왕은 더 맛있는 꼬불꼬불면을 더 많이 만들 수 있고, 성실해는 더 친절하게 손님을 대할 수 있는 거야. 결국, 꼬불꼬불면이 더 많이 팔려서 수염왕은 소득이 높아지지. 성실해에게 임금을 줘도 오히려 수염왕에겐 더 이익이 되는 거야. 수염왕이 꼬불꼬불면을 만들어 파는 포장마차는 작지만, 어엿한 회사야. 꼬불꼬불면을 생산하는 회사. 수염왕은 이제, 직원까지 있는 사장인 거지.

참, 생산한 대가를 소득이라고 하지? 그런데 같이 일한다고 해도 수염왕과 성실해의 소득은 서로 달라. 무엇을 통해 소득을 얻는지에 따라 근로소득, 사업소득, 재산소득으로 나뉘거든. 여기서 수염왕은 꼬불꼬불면 회사를 경영하는 사업소득을, 성실해는 회사에서 노동한 대가로 근로소득을 얻지. 재산소득이라는 것은 이미 가진 재산에서 소득이 생기는 거야. 은행에 저축해서 생긴 이자, 집이나 가게를 다른 사람에게 빌려 주고 받는 돈이 재산소득에 포함되지.

수염왕의 경제 노트

수요가 많으면, 다시 말해 재화와 용역을 사려는 사람이 많아지면 가격은 오른다.

공급이 많아지면, 다시 말해 재화와 용역을 팔려는 사람이 많아지면 가격은 내려간다.

가격은 수요와 공급으로 결정된다. 그리고 수요와 공급이 만나서 가격이 결정되는 곳이 시장이다.

(가격을 올렸는데도, 꼬불꼬불면이 잘 팔리는군. 크크크, 계속 계속 가격을 올리고 싶어지는걸!)

5

은행을 찾아가는 수염왕

−금융기관이 하는 일

　수염왕은 연구에 연구를 계속했어. 잠도 잊고 꼬불꼬불면의 국물을 적당한 농도의 소스로 만드는 방법을 찾았지. 눈이 새빨갛게 변하고 코피를 쏟으면서도 연구를 계속했어. 결국, 소스를 만드는 데 성공했고, 국물 소스는 진공포장 하기로 했어.

　이번엔 건더기 수프를 만들 차례야. 수염왕은 밥 먹는 것도 잊고 건더기 수프를 만들 방법을 찾았어. 입술엔 물집이 돋고 눈 밑이 시커메지면서도 연구했어. 연구 끝에, 꼬불꼬불면에 들어갈 건더기는 바싹 말리는 게 좋다는 것을 알아냈어. 오랫동안 상하지 않도록 말이야. 문제는 꼬불꼬불면을 끓여 먹을 때, 싱싱한 재료 그대로의 맛이 나야 했지.

　"됐다, 됐어!"

수염왕은 손뼉을 쳤어.

수염왕은 국물 소스를 들고 자신의 포장마차로 달려갔어. 세바스찬도 커다란 귀를 휘날리며 수염왕의 뒤를 따라갔어. 포장마차에는 성실해가 손님들에게 꼬불꼬불면을 파느라 정신없이 바빴어.

"노동자, 성실해 노동자! 나 성공했다."

수염왕은 성실해를 껴안았어.

"정말요? 어머, 참 잘하셨어요."

수염왕은 흥분해서 얼굴이 발갛게 상기되었어. 수염왕은 포장용 꼬불꼬불면을 끓였어. 그리고 성실해가 맛을 보았지. 수염왕은 초조하게 성실해의 입만 보고 있었어.

"음…… 이 맛은 그러니까……."

"그래. 그, 그 맛이 어떠냐?"

수염왕은 긴장으로 숨을 꼴깍 삼켰어.

"여기서 파는 꼬불꼬불면과 맛이 똑같아요. 아주 똑같아요. 사장님은 정말 훌륭하세요."

성실해가 수염왕에게 엄지손가락을 세워 주었어.

"크크큭. 내가 못하는 게 뭐가 있겠느냐? 그러니 자네는 더욱 더 나를 존경해야 할 것이야. 크크큭."

수염왕은 배를 내밀며 한참 웃었어.

그 뒤, 수염왕의 포장마차에 오는 손님에게 포장용 꼬불꼬불면을 끓여서 팔았어. 포장용 꼬불꼬불면을 먹은 손님들은 하나같이, 예전에 먹었던 꼬불꼬불면과 맛이 똑같다고 놀라워했어. 포장용 꼬불꼬불면을 판다는 소문이 나자, 손님들이 몰려왔어. 먼 곳에서 일부러 포장용 꼬불꼬불면을 사러올 정도로 잘 팔렸지. 어떤 손님은 수십 개를 사기도 했어. 포장용 꼬불꼬불면이 날개 돋친 듯 잘 팔리자, 수염왕은 온종일 포장용 꼬불꼬불면을 만들어야 했어. 그런데도 늘 부족해서 빈손으로 돌아가는 손님들이 있었지.

"에이 이보시오, 이왕 파는 거, 좀 많이 만들어서 파시오. 포장용 꼬불꼬불면을 판다고 해서 1시간이나 차를 타고 왔는데 다 팔리고 없다니……. 너무하는 거 아니오?"

화를 내는 손님도 있었어.

수염왕도 꼬불꼬불면을 만드느라, 허리가 끊어질 정도로 아팠어.

'종일 허리도 못 펴고 포장용 꼬불꼬불면을 만들어도 양이 부족하잖아.'

수염왕은 건더기 수프에 넣을 파를 썰다가 벌떡 일어났어.

새로운 방법이 필요했어. 이렇게 주방에서 꼬불꼬불면만 만들며 살 수는 없었지. 수염왕은 국수 포장마차는 성실해에게 맡기고, 자신은 꼬불꼬불면 회사를 차릴 계획을 세웠어. 어디에 사는 사람이라도, 자기 집에서 맛있는 꼬불꼬불면을 맛볼 수 있게 하려는 거였어. 꼬불꼬불면이 없어서 못 사가는 손님도 없게 말이야.

수염왕은 굳은 표정으로 비밀 금고에서 통장을 꺼냈어. 통장에는 빼곡하게 숫자가 찍혀 있었어. 수염왕은 매일 꼬불꼬불면을 판 돈을 은행에 입금했어. 그리고 단 한 번도 예금액을 찾은 적은 없었지. 수염왕은 포장용 꼬불꼬불면을 대량 생산하려고, 이 돈을 모두 찾기로 했지.

하지만 저축한 돈을 다 찾아도, 회사를 차리기에는 부족했어. 수염왕은 어떻게 할까 고민했어. 꼬불꼬불면을 만들 작은 기계만 사서 집에서 수염왕이 직접 만들까, 아니면 돈을 빌려서라도 꼬불꼬불면을 만드는 공장을 짓고 직원을 더 뽑아서 대량 생산을 할까?

'언제까지 밀가루 반죽을 하고 파를 썰며 살 수는 없어. 나는 나라를 다스렸던 왕이었잖아? 회사를 크게 만드는 걸 겁낼 필요는 없어. 왜냐고? 크크크, 나는 위대하니까.'

수염왕은 어떻게 자본금을 마련할까 고민했어. 그러다 은행 앞에 붙어 있던 '싼 이자로 대출해 드립니다.'라는 광고를 떠올렸어.

'빌려줘은행에 한번 가 봐야겠다.'

"이보쇼, 내가 돈을 좀 빌리고 싶은데 말이요."

수염왕은 은행 직원의 눈치를 슬쩍 보았어.

"좀 싸게 빌릴 수 없을까? 히~!"

"손님은 신용이 아주 좋으세요. 당연히 아주 싸게 대출해 드릴 수 있습니다."

은행 직원은 상냥한 미소를 지었어.

"크크크. 내가 신용이 좋다고? 그렇지, 그렇지. 내가 신용이 좀 좋지. 크크크. 그럼 신용이 좋으니까 이자를 조금만 받겠다는 말이지?"

"네. 그렇습니다. 손님."

"그럼 말이야, 내가 참 신용이 좋은 손님이니까 말이야, 이자를 아예 안 받으면 안 될까? 내가 신용이 아주 좋다고 그랬잖아."

"네? 아, 그, 그건……."

은행 직원은 당황해서 말을 더듬었어.

"내가 신용이 좋다며?"

수염왕은 기대에 가득 찬 눈을 반짝이며 은행 직원을 바라봤어.

"그건 안 됩니다, 손님."

은행 직원이 단호하게 고개를 저었어.

"쳇!"

조금 시간이 지난 뒤, 수염왕은 의기양양하게 빌려줘은행 문을 박차고 나왔어.

저는 은행에 돈을 저축하는데,
수염왕은 반대로 은행에서 돈을 빌렸어요.

우리가 사는 데는 재화와 용역이 많이 필요하고, 그 재화와 용역을 얻는 데는 돈이 필요해. 그래서 생산을 하고 그 대가로 돈(소득)을 얻지. 그런데 돈을 재화와 용역을 사는 데 쓰기도 하지만, 저축하기도 하잖아. 친구들이 용돈을 받아서 다 쓰지 않고 저축하는 것처럼 말이야. 친구 중에는 저금통에 저축하는 친구도 있고, 은행에 저축하는 친구도 있을 거야. 은행에 통장을 만들어서 저축하는 것을 입금이라고 하고, 반대로 돈을 찾는 것을 출금이라고 하지.

그런데 우리가 저축한 돈은 어떻게 될까? 은행에서 아주 튼튼한 금고에 쌓아 둘까? 그렇지 않아. 우리가 돈을 은행에 저축하면, 은행은 그 돈을, 돈이 필요한 사람에게 빌려 줘. 수염왕은 회사를 크게 지으려고 자본금이 필요했는데 돈이 부족해서 빌려줘 은행에서 돈을 빌렸지.

그럼 다른 사람에게 돈을 빌려 주라고 우리가 은행에 저축하는 걸까? 그렇지는 않아. 은행에 입금하는 이유는 안전하게 돈을 보관할 수 있고, 저축한 돈에 이자가 붙어서야. 우리가 저축한 금액보다 더 돈이 많아지는 거지. 앞에서 재산소득이라고 말한 것이 바로 이거야.

돈을 보관해 주는 것도 고마운데, 은행은 왜 이자까지 주는 걸까? 그건 은행이 우리가 저축한 돈에 이자를 주는 것처럼, 돈을 빌린 사람에게는 빌려 준 돈에 이자를 받기 때문이야. 은행은 저축한 사람에게 이자를 100원 주고, 돈을 빌려 가는 사람에게는 이자로 200원을 받는다면, 은행은 100원이 이익이지. 은행은 돈을 맡기(공급)는 사람과 돈을 사용(수요)할 사람을 연결해 주는 일을 하면서 이윤을 얻는 곳이야.

은행 직원이 수염왕에게 신용이 좋다고 했어요. 신용이 좋은 사람은 믿을 수 있는 사람이라는 뜻이죠? 그럼 수염왕은 거짓말을 안 하는 사람이라는 건가요?

맞아, 신용이 있는 사람은 믿을 수 있는 사람이라는

말이야. 그런데 무엇에 대한 신용인지도 생각해 봐야 하지. 여러분의 친구 중에, 친구와 만나기로 한 약속 시각을 잘 지키고, 거짓말도 하지 않는 친구가 있다고 하자. 하지만 그 친구는 다른 친구들에게 빌린 돈을 갚지 않아.

그 친구가 여러분에게 돈을 빌려 달라는 거야. 그럼 여러분은 그 친구에게 돈을 빌려 주기 싫을 수 있어. 그 친구에게 빌려 준 돈을 받지 못할 수 있으니까. 다시 말해서 그 친구는 돈에 대해서는 신용이 없는 친구인 거지. 그 친구가 아무리 착하고 다른 약속을 잘 지킨다고 해도 말이야.

은행도 마찬가지야. 은행은 돈을 빌리려는 사람이 착한 사람인지, 못된 사람인지는 관심이 없어. 은행에서 빌린 돈을 잘 갚을 수 있는 사람인지가 중요한 거지. 그것이 은행에서 신용이 좋다는 기준이야. 그래서 은행은 그 사람이 돈과 관련한 약속을 잘 지킬 수 있는지 꼼꼼하게 따져 봐. 만약 돈을 빌려 준 사람이 갚지 않으면 은행에서 손해를 보니까, 신용이 나쁜 사람에게는 돈을 빌려 주지 않지.

수염왕은 빌려줘은행에 사업을 해서 번 돈을 꾸준히 많이 입금했어. 무엇보다 은행에서 빌린 돈을 갚을 능력이 있기 때문에, 빌려줘은행에서는 수염왕이 '신용이 좋은 사람'이라고 생각하는 거야. 물론 수염왕이 잘난 척을 얼마나 하는 사람인지, 얼마나 성격이 고약한지는 상관없이 말이야.

그럼 돈이 부족한 사람은 다 신용이 없는 사람인 걸까? 그렇지 않아. 은행에서 돈을 빌리는 사람이라도 빌린 돈에 대한 이자를 잘 내고, 은행과 약속한 날짜까지 정확하게 돈을 갚으면 신용이 높을 수 있어.

수염왕의 경제 노트

돈이 필요한 사람들이 필요한 돈을 구할 수 있게 해 주는 것을 금융이라 한다. 금융은 은행, 보험회사, 증권회사에서 담당한다. 즉 사람들이 돈을 금융기관에 맡기면, 금융기관은 그 돈을 돈이 필요한 사람에게 빌려 주는 일을 한다.

(열심히 일해서 얼른 은행에서 빌린 돈을 갚을 테다. 이자를 내는 게 너무 아까워!)

노동자는 내 부하?

―노동자의 권리

6

　수염왕은 정식으로 회사를 만들었어. 회사 이름은 '왕수염회사'라 지었지. 새로 직원들을 뽑고, 하루에 수십만 개의 꼬불꼬불면을 만들 수 있는 공장도 세웠어. 몇몇 직원은 전국의 가게와 음식점을 돌며, 꼬불꼬불면을 홍보했어. 처음엔 고개를 갸우뚱하며 꼬불꼬불면을 사지 않으려던 사람들도, 일단 꼬불꼬불면을 맛보면 안 사고는 못 배겼지.

　하루하루 꼬불꼬불면의 인기는 높아 가고, 전국에서 불티나게 팔렸어. 밥 대신 꼬불꼬불면을 매일 먹는 사람도 많았고, 여행이나 등산을 가는 사람들도 가방에 꼬불꼬불면을 싸 갔지. 반찬 투정하는 아이들도 꼬불꼬불면은 좋아했어.

　전국에서 주문이 밀려들자, 24시간 내내 꼬불꼬불면을 만들어야 했어. 하지만 직원들은 힘든 줄도 모르고 일했어. 소비자들이 꼬불꼬불면을 사서 맛있게 먹는 것이 즐겁고, '왕수염회사'가 점점 커가는 것에 보람을 느꼈지. 왕수염회사를 자신들의 회사라 생각했거든. 왕수염회사는 직원들이 열심히 일한 덕분에 하루하루 커갔어.

"음, 좋아 좋아. 꼬불꼬불면이 계속 이렇게 팔리면 곧 엄청난 부자가 되겠는걸. 크크큭."

널찍한 사장실에서 수염왕이 팔자수염을 비비 꼬며 중얼거렸어. 큰 책상 위에는 꼬불꼬불면이 얼마나 팔리는지 정리한 서류가 놓여 있었지. 수염왕은 전화 버튼을 누르며 말했어.

"일잘해 부장, 들어오라고 해. 그리고 세바스찬이 심심해 하니까 산책 좀 시켜 주고."

"네, 사장님."

비서가 된 성실해가 상냥한 목소리로 대답했어.

"크크큭. 왕 대신 사장이 될 걸 그랬어. 부하 직원을 내 마음대로 부릴 수가 있잖아. 돈도 많으니까 좋은 옷에 맛있는 음식을 먹고, 큰 집에서 떵떵거리며 살지. 잔소리하는 신하들도 없고 말이야. 왕보다 더 좋구만."

수염왕은 크고 푹신푹신한 의자에 앉아 다리를 꼬고 앉아 발을 까딱거렸어.

잠시 뒤에 노크 소리가 들리더니, 일잘해 부장이 들어왔어. 짧은 머리의 일잘해 부장이 수염왕에게 공손하게 인사했어.

"사장님, 부르셨습니까?"

"응. 내가 말이야 자네가 쓴 서류를 봤는데 말이야, 전국에서 우리 꼬불꼬불면을 사겠다고 주문이 밀려드는데, 주문량만큼 공장에서 만들지를 못한다는 내용이더군."

"네, 그렇습니다."

"그러면 말이야, 이건 왕수염회사에 큰 문제지, 안 그래?"

"네. 그렇습니다, 사장님."

"왕! 사장님이라 부르게."

수염왕은 버럭 소리쳤어.

"아, 네. 수염 왕 사장님."

"그런데 자네는 이 문제를 어떻게 해결했으면 좋겠나?"

"공장을 더 짓거나 최소한 기계를 더 사야 합니다. 직원도 더 뽑아야 하고요."

일잘해 부장은 기다렸다는 듯이 대답했어.

"나도 그 말에 동의하네. 하지만 말일세, 그렇게 하자면 말이야, 돈이 들잖아, 돈이. 아까운 내 돈 말이야."

"네? 그, 그거야. 회사를 키우려면 투자를 해야 하지 않을까요? 그리고 사장님, 아니 '왕' 사장님의 돈이 아니라 회사의 돈을 투자하는 것이죠."

"뭐라고? 지금 자네 정신이 있는 건가?"

수염왕이 벌떡 일어나며 소리쳤어.

일잘해 부장은 깜짝 놀라며 뒤로 물러났어.

"꼬불꼬불면을 더 많이 만들어야 한다면, 직원들이 더 열심히 일하면 되는 거야. 그런데 공장을 짓고 기계를 더 사고 직원을 뽑아야 한다고? 돈을 쓰지 않고 꼬불꼬불면을 더 많이 팔 방법이 있는데 왜 돈을 쓰나, 안 그래?"

"하, 하지만 직원들은 지금도 열심히 일하는데요."

"시끄러워. 내가 더 일하라면 일해야 하는 거야. 그리고 무엇보다 자네의 말 중에 틀린 말이 있어. 내 돈이 아니라 회사 돈이라고? 분명히 말하지만, 회사 돈이 바로 내 돈이야. 자네가 받는 월급도 내가 주는 거라고, 이 회사가 내 거니까 말이야!"

수염왕은 사무실 밖에서도 소리가 들릴 만큼 계속 소리쳤어.

"그건 잘못된 생각이십니다. 직원은 사장님이 마음대로 부려먹는 사람이 아닙니다. 정당한 대우를 받고 일을 하는 사람입니다. 노동자의 권리가 있습니다."

일잘해 부장이 정색하며 말했어.

"뭐라? 이, 이런 놈을 내가 월급을 주고 있었다니, 당장 나가!"

"회사는, 왕수염회사는 사장님과 저희 모든 직원의 회사이지,

사장님 한 분의 회사가 아닙니다."

"이런 도둑놈을 봤나? 내가 만든 회사가 니들 것이라고? 이 회사는 내 거야, 내 거. 오직 나만이 이 회사의 주인이라고."

수염왕은 팔자수염이 꼿꼿하게 솟아오를 만큼 화를 내며 자리에서 방방 뛰었어.

'고얀 놈들. 감히 내 회사를 뺏으려고? 국민한테 밀려 황금성에서 쫓겨난 것도 억울한데 이번엔 내 회사를 나눠 갖자고? 내가 그냥 당할 줄 알고!'

수염왕은 이를 뿌드득 갈았어.

수염왕은 당장, 일잘해 부장을 해고했어. 그리고 직원들에게 두 시간씩 더 일하라고 명령했어. 월급은 전혀 안 올리고 말이야. 그리고 명령대로 일하기 싫으면 회사를 그만두라고 협박했지.

직원들은 처음에는 수염왕의 말에 따라 일을 더 했어. 꼬불꼬불면은 많이 생산되고 여전히 잘 팔렸어. 하지만 직원들의 불만은 점점 커졌어. 일을 더 많이 해서, 회사는 돈을 더 많이 버는데 직원의 월급은 오르지 않았거든.

직원들은 점심시간마다 모여서, 회사에 대한 불만을 서로 털어놓았어.

"이대로는 안 돼. 우리 노동자도 권리가 있어. 회사에서 이렇게 무시당하며 일할 수는 없어."

"맞아. 우리가 기계도 아니고……. 사장님이나 우리나 동등한 사람이라고."

"우리 노동자의 권리를 찾자고. 회사는 우리 모두의 것이야!"

"노동자의 권리요? 노동자의 권리가 뭔가요?"

옆에서 가만히 듣고만 있던 성실해가 물었어. 한 손에는 세바스찬의 목줄을 쥐고 있었지.

"노동자의 권리란, 노동자가 자기의 권리와 이익을 지키고, 안전한 환경에서 일할 수 있는 권리야."

"컹컹컹 컹컹컹."

그때 세바스찬이 짖어댔어. 얼른 산책을 하고 싶은 세바스찬은 성실해를 끌어당기며 짖었어.

"앗, 깜짝이야."

직원들은 세바스찬이 짖는 소리에 움찔했어. 수염왕이 떠올랐거든. 직원들은 주위를 조심스럽게 살폈어.

"세바스찬, 조용히 해야지. 지금 아주 중요한 얘기를 하는 중이란다."

성실해가 세바스찬을 달랬어. 그러자 세바스찬은 얌전히 성실해 옆에 배를 깔고 앉았어.

"우리가 세바스찬이 짖는 소리에도 겁을 내다니. 정말 더는 이렇게 살 수는 없어."

"좋아. 다 함께 힘을 모아 보세."

"내일부터 시작이야. 겁먹지 말고 우리의 정당한 권리를 되찾자고."

왕수염회사의 모든 노동자는 수염왕에게 요구 사항을 적어 보냈어.

요구 사항은 이랬지.

첫째, 노동조합을 만들게 해 달라.
둘째, 강제로 퇴직당한 일잘해 부장을 당장 돌아오게 해라.
셋째, 일하는 시간을 예전처럼 줄여 달라.
넷째, 직원을 더 뽑아서 회사의 일을 나눠서 하게 해 달라.
다섯째, 회사에 중요한 일은 노동조합과 함께 논의해서 결정하라.

하지만 이 요구서를 본 수염왕은 요구서를 당장 찢어 버렸어.

"너희의 말은 하나도 듣지 않을 거야. 노동자는 사장의 명령을 따라야지, 감히 나와 맞먹으려고?"

수염왕의 대답에 노동자들은 모두 실망했어. 그리고 왕수염회사의 모든 노동자는 일을 멈췄지. 그리고 왜 자신들이 파업을 하는지 사람들에게 알렸어.

수염왕은 직원들을 보며, 화가 머리끝까지 치밀었어. 직원들이 너무나 괘씸했지.

'내가 사장인데, 감히 노동자들이 내 말을 안 듣는다고? 흥! 다 필요 없다, 이놈들! 나 혼자서도 다 할 수 있다고!'

그날부터 수염왕은 혼자 회사의 모든 일을 했어. 아침 7시에 공장으로 출근했어. 꼬불꼬불면을 만드는 건 기계가 해도, 상자에 넣는 것은 사람이 해야 했어. 수염왕은 기계에서 쏟아져 나오는 꼬불꼬불면을 상자에 담느라 허리가 끊어질 지경이었어. 오후 1시, 수염왕은 점심 먹을 시간도 없이 사무실에 갔어. 꼬불꼬불면의 원료를 주문해야 했어. 그리고 꼬불꼬불면을 주문하는 전화를 받아야 했어. 은행에 달려가서 원료를 주문한 가게에 원료비를 보내고, 꼬불꼬불면을 주문한 곳에서 돈을 보냈는지 확인했어. 그리고 오후 3시부터 꼬불꼬불면을 배달했어.

"여기 대장간마을인데 왜 꼬불꼬불면이 배달되지 않는 겁니까?"

"여긴 횃불마을인데 꼬불꼬불면 다 팔린 지가 언젠데 아직 안 보내 주는 거예요?"

"여긴 홍수마을인데 꼬불꼬불면 빨리 보내 주세요."

자정이 다 되도록 배달을 했는데도, 전국에서 꼬불꼬불면을 빨리 보내 달라며 항의 전화가 왔어. 수염왕은 그만 바닥에 털썩 주저앉았어. 힘들어서 한 걸음도 움직일 수가 없었지. 하지만 직원들과 화해를 할 생각은 없었어.

다음 날 회사에 출근했는데, 소비자들이 항의하러 찾아왔어. 소비자들은 왕수염회사가 노동자의 권리를 계속 무시한다면, 이제부터 꼬불꼬불면을 사 먹지 않겠다고 했어. 하지만 수염왕은 항의하는 소비자를 내쫓아 버렸지.

그러자 소비자들은 왕수염회사의 꼬불꼬불면을 사지 말자고 다른 사람들에게 알렸어. 불매운동을 벌인 거야. 불매운동은 전국으로 퍼졌어. 사람들은 노동자의 권리를 무시하는 왕수염회사의 제품을 사지 않았지.

노동자들이 일하지 않아서 라면을 더는 생산할 수 없고, 그나마 이미 만든 라면은 소비자들이 사 먹지 않으니, 왕수염회사는 손해가 이만저만이 아니었어.

게다가 소비자들까지 왕수염회사로 몰려와, 노동자들 지지하고, 수염왕에게 노동자의 권리를 지키라고 압박했어.

"이러다 내 사랑스러운 회사가 망하는 거 아닐까?"

수염왕이 팔자수염을 손가락으로 비비 꼬며, 중얼거렸어.

"맞아요, 수염 왕 사장님. 이러다 회사 망해요. 꼬불꼬불면도 안 팔리고 소비자들은 우리 회사를 욕하고……."

성실해가 수염왕을 설득했어.

"왕 사장님. 직원들과 대화를 하세요. 직원과 힘을 합치면, 분명히 더 좋은 회사를 만들 수 있을 거예요."

수염왕은 여전히 직원들이 괘씸했지만, 회사를 지키려고 노동자 대표인 일잘해 부장과 협상했어. 수염왕은 노동자의 요구를 대부분 들어주기로 했어. 그동안 2시간씩 더 일한 것에 대한 임금은 주지만, 직원들이 파업한 기간의 임금은 주지 않기로 했지.

수염왕이 회사를 만든다기에 걱정했는데,
괜한 걱정이었나 봐요. 벌써 큰 식품 회사가 되었네요.
왕수염회사와 포장마차는 어떤 차이가 있을까요?

꼬불꼬불면을 만들어 파는 건, 포장마차나 왕수염회사나 같아. 그런데 포장마차에서는 수염왕이 직접 꼬불꼬불면을 만들고, 성실해가 직접 끓여서 소비자에게 팔았어. 우리가 떡볶이를 사 먹는 학교 앞 분식점과 같지.

그런데 왕수염회사는 꼬불꼬불면을 만들기는 하지만 소비자에게 직접 팔지는 않아. 꼬불꼬불면을 만들어서 도매상인에게 팔아. 도매상인은 왕수염회사처럼 상품을 만드는 생산자로부터 상품을 사서 소매상인에게 팔아. 그러면 소매상인은 상품을 소비자에게 팔지.

우리가 상품을 사는 가게는 대부분 소매상이야. 학용품을 사는 문구점이나 과자를 사는 가게도 다 소매상이지.

이렇게 상품이 생산자에서 소비자인 우리의 손에 들어오기까지의 과정을 유통이라고 해.

수염왕의 포장마차는 꼬불꼬불면을 만드는 생산자인 동시에 소

비자에게 직접 꼬불꼬불면을 파는 소매상이었어. 하지만 왕수염 회사는 생산자이기는 하지만 소비자를 만나서 직접 꼬불꼬불면을 팔지는 않지.

왕수염회사 직원들이 노동자의 권리를 지키겠다며 파업을 했어요. 노동자의 권리가 뭔가요?

수염왕은 일잘해 부장을 해고했어. 일잘해 부장이 자신의 말을 잘 듣지 않아서 미웠거든. 그런데 일잘해 부장은 갑자기 회사에서 해고되었을 때 어땠을까? 성실하게 일했는데 해고되었으니 억울했을 거야. 그리고 임금을 받지 못하니까 일잘해 부장의 가족은 생활이 어려워지고.

다른 노동자도 일잘해 부장처럼 억울한 일을 당할 수 있어. 그런데 사람에게는 누구나 억울한 일을 당하지 않을 권리가 있잖아. 노동자 역시 마찬가지야. 그래서 우리나라의 헌법은 노동자의 권리, 즉 노동3권을 보호하고 있어.

노동3권은 단결권, 단체교섭권, 단체행동권을 말해.

이 중에서 단결권은 노동자가 노동조합을 만들어서 활동할 수 있는 권리야. 단체교섭권은, 단결권으로 만든 노동조합의 대표가 경영자 대표와 서로 의논할 수 있는 권리지. 단체행동권은, 회사가 노동조합의 주장을 받아들이도록 회사의 일에 해를 줄 수 있는 권리야. 파업이 그 대표적인 방법이지.

노동3권은, 노동자가 경영자와 동등하게 대접받기 위한 방법이야. 노동자 한 사람의 힘은 경영자보다 너무 약하기 때문에 경영자가 노동자를 무시할 수 있으니까 말이야.

왕수염회사의 노동자들도 마찬가지야. 일잘해 부장은 억울하게 해고를 당했고, 노동자들도 2시간씩 더 일해야 했지만 참을 수밖에 없었어. 그래서 노동자들은 힘을 모아(단결권), 수염왕에게 요구 사항을 전달하고(단체교섭권), 수염왕이 요구 사항을 무시하자 파업(단체행동권)한 거야.

파업을 계속했는데도 경영자와 노동자가 서로 화해를 안 하면 어떻게 하지? 파업하면 생산이 중단되니까 경영자와 노동자 모두가 손해야. 그 손해는 사회에도 영향을 미치지.

그래서 정부가 회사와 노동자가 서로 화해하도록 도와줘. 노동

자의 권리는 헌법에서 정한 중요한 권리이니 당연히 지켜져야 하니까. 회사도 사회에서 중요한 역할을 하니까, 계속 정상적인 회사 활동을 할 수 있도록 보호하지.

수염왕의 경제 노트

노동자는 회사에서 손해를 보지 않고 권리를 지키며 일할 수 있는 권리가 있다. 그 권리를 노동3권이라고 한다. 노동3권은 헌법에서 보호할 정도로 중요한 인간의 기본 권리이다.

(시끄러워! 나는 사장, 즉 경영자야. 부하가 있는 대장(사장)이라고!)

"밀가루 가격이 이렇게 비싸? 어이쿠, 당근이랑 파도 값이 올랐네? 이러다 우리 왕수염회사가 망하는 거 아니냐? 이렇게 원료비가 많이 들면 이윤이 남지 않잖아."

수염왕이 직원들에게 투덜거렸어.

"올해는 가뭄이 심해서 농산물이 조금밖에 생산이 되지 않았습니다. 농산물의 생산량이 줄어드니 가격은 올랐고요."

"소와 닭에게 전염병이 돌아서, 소와 닭, 달걀의 생산량도 절반으로 뚝 떨어졌습니다. 그래서 가격이 올랐고요."

"그러니까 우리 꼬불꼬불면을 만드는 재료가 다 비싸졌다는 것 아닌가?"

"네. 그렇습니다. 꼬불꼬불면을 만드는 원료비가 300원이었는데 지금은 500원으로 올랐지요."

"꼬불꼬불면은 여전히 900원인데, 원료비가 오르면 그 만큼 우리 이익이 주는 거잖아. 원료비가 오른 만큼 우리 꼬불꼬불면의 가격도 200원 올려 버려."

"그렇지만 가격을 갑자기 200원이나 올리면 소비자가 싫어할 텐데요."

오반칙 부장이 수염왕의 눈치를 보며 말했어.

"맞습니다. 꼬불꼬불면을 가격이 싸기 때문에 먹는 소비자도 많습니다. 그 소비자들은 가격이 오르면 꼬불꼬불면을 사 먹지 않을 수도 있습니다."

일잘해 부장이 맞장구를 쳤어.

"시끄러워. 그렇다고 내가 손해를 볼 수는 없어. 가격 올려. 그리고 소비자들이 꼬불꼬불면을 많이 사 먹는 것은 가격이 싸서가 아니라, 내가 꼬불꼬불면을 너무나 맛있게 만들었기 때문이야."

"그건 그렇습니다만. 음, 그럼 가격을 100원만 올리면 어떨까요? 소비자들도 물가가 오른 것은 이미 알고 있으니 그 정도로 가격이 오른 것은 이해할 겁니다."

일잘해 부장이 의견을 말했어.

"원료비가 200원 올랐는데, 가격은 100원만 올리면 우리 회사

가 손해잖아. 난 손해 보고는 못 살아."

수염왕이 소리쳤어.

"사장님의 말씀이 옳습니다. 제 생각에는 말입니다, 갑자기 가격을 올리면 소비자들이 꼬불꼬불면을 안 살 수도 있으니 이런 방법은 어떨까요?"

오반칙 부장이 말했어.

"건더기 수프를 쪼끔 더 넣고, 이름도 살짝 바꾼 다음에 가격을 올리면 어떨까요?"

"오~ 그것 좋구만. 꼬불꼬불면보다 더 좋은 국수처럼 보이게 말이지. 좋아 좋아. '왕꼬불꼬불면'이라고 이름을 지어서 가격을 올려 팔게."

"가격이 오르면 수요는 줄게 됩니다. '왕꼬불꼬불면'은 팔리지 않을 겁니다."

일잘해 부장은 반대했어.

"시끄러워. 자네도 오반칙 부장처럼 내 마음에 쏙 드는 아이디어를 내보라고."

"홍홍홍. 감사합니다, 사장님."

오반칙 부장은 입을 가리며 얄밉게 웃었어.

"왕 사장님. 제게 다른 아이디어도 있습니다."

"말해 보게, 오 부장."

"꼬불꼬불면은 가격은 올리지 말고, 양을 3분의 2로 줄이는 겁니다. 지금까지 팔건 꼬불꼬불면에 원료를 조금만 쓰게 되니, 원료비가 줄어들지요."

"아하! 그것도 좋군."

"더 좋은 건, 양이 줄어드니 꼬불꼬불면 한 개를 먹어도 배가 고플 겁니다. 어쩔 수 없이 두 개를 끓여 먹겠죠. 결국, 우리는 꼬불꼬불면을 더 많이 팔게 될 겁니다."

"오~ 좋아, 좋아. 아주 좋아!"

수염왕은 신 났어.

"예, 그렇습죠? 그리고 원료를 조금 질이 떨어지는 것을 쓰는 겁니다. 우리나라에서 생산된 원료는 비싸니까 가격이 싼 쑥쑥나라에서 원료를 사 와서 쓰는 거죠. 물론 소비자들 몰래 말입니다."

"원더풀~! 자네는 정말 천재로구먼!"

수염왕은 손뼉을 쳤어.

"그건 안 됩니다, 사장님. 꼬불꼬불면의 양이 줄어들고, 수입

원료를 쓰는 것을 소비자들이 모르겠습니까?"

일잘해 부장은 수염왕을 설득하려 했어.

하지만 오반칙 부장이 수염왕의 귀에 속닥거렸어.

"소비자들이 절대 모르게 하면 됩니다."

수염왕은 고개를 끄덕였지.

"설사, 소비자가 눈치를 못 챘다고 해도, 소비자들의 사랑으로 여기까지 커온 우리 회사가 소비자를 속이다니요, 이건 옳지 않습니다. 결국엔 소비자가 다 알게 되고 우리 회사의 제품을 사지 않게 될 것입니다."

일잘해 부장은 반대했어. 하지만 수염왕은 오반칙 부장의 의견대로 가격을 올려서 '왕꼬불꼬불면'을 새로 만들고, 꼬불꼬불면은 양을 줄이고 원료도 가격이 싼 수입 원료를 쓰기로 했지.

꼬불꼬불면보다 200원이 오른 '왕 꼬불꼬불면'은 잘 팔리지 않았어. 소비자들은 가격이 오르면 제품을 더 조금만 사거든. 가격이 더 싼 다른 제품을 사거나 아예 사지 않지. 꼬불꼬불면을 사던 소비자도 마찬가지였어. 꼬불꼬불면의 양이 슬그머니 3분의 2로 줄어들자, 소비자들은 꼬불꼬불면을 사 먹지 않았어.

게다가 왕수염회사가 소비자를 우습게 본다고 화를 냈어. '왕꼬불꼬불면'은 꼬불꼬불면과 거의 비슷한데 가격을 올리려고 이름만 바꿨다고 생각했거든. 또 꼬불꼬불면의 양이 줄었다는 것도 금방 들통이 났어. 아무 설명도 없이 슬쩍 양을 줄인 것 때문에, 소비자는 왕수염회사가 소비자를 얕잡아 보고, 무시한다고 화가 단단히 났지.

　왕수염회사는 점점 망해 갔어. 창고에는 팔리지 않는 왕꼬불꼬불면과 꼬불꼬불면이 점점 쌓여갔지.

꼬불꼬불면의 양을 3분의 2로 줄이다니, 그건 소비자를 속이는 거잖아요?

그래. 지금까지 꼬불꼬불면을 사준 소비자를 속이다니, 수염왕이 아주 잘못한 거야. 그래서 화가 난 소비자들이 왕수염회사의 상품을 사지 말자는 불매운동을 한 거지. 앞에서 노동자의 권리에 대해 알아봤지? 그런데 소비자에게도 권리가 있거든.

소비자가 어떤 상품을 사거나 어떤 용역을 이용했는데, 문제가 있다면 어떻게 해야 할까? 꼬불꼬불면을 샀는데 양이 3분의 2로 줄어 있다면? 혹은 이삿짐센터를 이용해서 이사했는데, 이삿짐센터 직원의 실수로 의자 다리가 부러졌다면 어쩌지?

'에이, 이번엔 재수가 없었어.'라거나 '이렇게 꼬불꼬불면의 양을 줄이다니, 어휴 나쁜 사람들!'이라고 화만 낼 수 있어. 혹은 꼬불꼬불면을 판 가게나 왕수염회사에게 항의하고 보상해 달라고 요구할 수도 있지. 이사하다 부러진 의자는 수리비를 받고 말이야.

꼬불꼬불면을 산 사람은 누구나 꼬불꼬불면에 대해 보상받을

권리가 있어. 정당한 대가를 냈으니 그에 맞는 제대로 된 꼬불꼬불면을 먹을 권리가 있는 거야. 이것을 소비자 권리라고 해.

그리고 소비자의 책임이기도 하지. 왕수염회사에서 꼬불꼬불면의 양을 속였다는 것을 먼저 발견한 소비자가 이 사실을 다른 사람들에게 알리면, 다른 사람은 똑같은 피해를 보지 않을 수 있으니까. 또 같은 피해를 본 소비자들끼리 힘을 모아 왕수염회사에 항의할 수도 있지. 그러면 꼬불꼬불면이 팔리지 않을 테니, 왕수염회사에서는 소비자들의 의견을 들어줄 수밖에 없지. 물론 왕수염회사는 일부러 소비자를 속인 거니까 법에 따라 벌을 받을 거야.

그런데 상품을 만든 회사나 판매자가 상품의 문제점을 모르고 있을 수도 있잖아. 그래서 소비자들이 상품의 문제를 알려야 해. 그럼 문제점을 고쳐서 더 좋은 상품을 만들 수 있을 테니까. 그래서 소비자의 권리인 동시에 책임이라고 하는 거야.

국가에서도 소비자의 권리를 보호하려고, 상품을 만들거나 판매하는 사람이 소비자에게 상품에 대해 정확하게 알리게 하고 있어. 그리고 어느 나라에서 만들었는지 표시하고, 광고와 다른 상품은 아닌지, 안전한 상품인지 등을 감시하지.

꼬불꼬불면을 만드는 재료가 200원 올랐으니, 당연히 꼬불꼬불면도 가격을 200원 올려야 하는 거 아니에요?

음, 그건 그럴 수도 있고 그렇지 않을 수도 있어. 꼬불꼬불면의 가격을 200원 올리거나 더 많이 올릴 수도 있고, 100원만 올리거나 아예 안 올릴 수도 있거든. 중요한 것은 가격을 어떻게 결정해야 왕수염회사가 더 많은 돈을 벌 수 있는지야.

왜냐하면, 기업의 목적은 돈을 많이 버는 거니까 말이야. 가격이 싸면 더 많이 팔릴 것이고, 가격이 높으면 적게 팔리겠지. 그러니 가격을 어떻게 정해야 제일 이윤이 많이 남을지를 잘 따져서 결정해야 하지.

앞에서 '가격'에 대해 알아봤지만 조금 더 알아볼까? 가격은 시장에서 상품을 사고(수요), 파는(공급) 과정을 통해 저절로 결정된다고 했지? 그런데 만약 상품을 팔아도 이윤이 남지 않으면 어떻게 하지? 당연히 그 상품을 파는 사람은 없을 거야. 그러니 상품의 가격은 상품을 팔기까지 사용된 비용보다 비싸지.

그럼 소비자가 꼬불꼬불면을 사는 가격에 어떤 것이 포함되는지 알아볼까? 아래 표처럼 생산자인 왕수염회사가 원료를 사서

만드는 데 500원이 들고, 거기에 100원을 이윤으로 남겨서 1차 도매상에게 팔지. 이렇게 유통 과정을 거칠 때마다 100원씩 가격이 더해져서 결국, 소비자는 꼬불꼬불면을 900원에 사는 거야. 우리가 사는 국수의 가격을 결정하는 데, 이렇게 복잡한 과정이 들어 있다니 신기하지?

내용	원료비 + 기타 생산비
왕수염회사	300원+200원
1차도매상	600원(이윤 100원)
2차 도매상	700원(이윤 100원)
소매상	800원(이윤 100원)
소비자	900원(이윤 100원)
가격	900원에 구매

수염왕의 경제 노트

상품의 가격 속에는 상품을 만드는 데 사용한 원료비, 인건비 등의 생산비가 들어간다. 상품을 만든 회사의 이윤도 들어가고, 도매상, 소매상 들의 이윤이 들어가기 때문이다. 그 외에도 경쟁 상품의 가격, 소비자의 마음 등도 잘 살펴야 한다.
가격을 결정하는 것은 참 복잡하다.

(으~ 내 마음 같아서는 꼬불꼬불 면의 가격을 2배로 올리고 싶어. 하지만 내 마음대로 가격을 정했다가는 망할 게 뻔하지.)

"어이쿠, 냄새!"

수염왕이 코를 쥐었어. 옆에서 졸졸 따라오던 세바스찬도 끙끙 소리를 내며, 두 발로 코를 감쌌어.

수염왕이 직원들과 꼬불꼬불면 공장을 둘러보는 중이었지. 쑥쑥나라에서 왕창 수입한 꼬불꼬불면의 재료가 공장 여기저기에서 썩어서 고약한 악취를 풍겼어. 양이 너무 많아서 냉동 창고에 다 보관할 수 없었거든.

"저건 또 뭐야?"

수염왕은 주차장에 쌓인 꼬불꼬불면 상자를 가리켰어.

"전국의 가게에서 꼬불꼬불면이 팔리지 않는다며 반품한 겁니다."

"뭐, 반품? 얼마 전만 해도 우리 꼬불꼬불면은 없어서 못 팔았잖아?"

"그때는 서로 자기네 가게에 꼬불꼬불면을 빨리 보내 달라고 난리였죠. 지금은 안 팔린다고 전국에서 전화가 옵니다. 빨리 도로 가져가라고 말입니다."

"아이고! 이러다 내 회사가 망하는 거 아냐?"

수염왕은 한숨을 쉬었지.

"창고에는 꼬불꼬불면과 왕꼬불꼬불면이 안 팔려서 가득 쌓여 있습니다."

"어이쿠, 이 일을 어쩐다? 회사가 입은 손해가 이만저만이 아니야."

수염왕은 한숨을 쉬었어.

'이게 다 내 돈인데, 아까운 내 돈!'

돈을 주고 산 원료가 눈앞에서 썩어 가고, 제품이 팔리지 않으니, 수염왕은 속이 시커멓게 타는 것 같았어. 문제를 해결할 방법을 찾아야 했어. 수염왕은 팔자수염을 신경질적으로 잘근잘근 씹었어.

"직원 수를 절반으로 줄여야겠다."

"네? 그, 그게 무슨 말씀입니까?"

"나도 이러고 싶진 않지만, 꼬불꼬불면이 팔리지 않아서 회사에 돈이 없으니 노동자에게 월급을 줄 돈도 없잖나?"

"하, 하지만……."

"그리고 팔리지도 않는 꼬불꼬불면을 많이 만들면 뭐하나? 그러니 공장에서 일하는 노동자 절반을 지금 당장 자르게."

"그건 안 돼요. 아무 준비도 없이 하루아침에 실업자가 되면, 어떻게 살아요?"

성실해가 나섰어. 성실해는 지금까지 단 한 번도 수염왕에게 반대를 한 적이 없었지만, 직원들이 실업자가 되는 것은 그냥 두고 볼 수는 없었어.

"회사가 망하면 몽땅 다 실업자가 되는 거야. 그러니 몇 명만 실업자가 되는 게 낫잖아."

"그 말씀도 일리는 있지만, 먼저 다른 방법을 찾아보는 게 좋지 않겠습니까?"

일잘해 부장도 앞으로 나섰어.

"소비자가 인제 꼬불꼬불면을 사 먹지 않는데 무슨 방법이 있다는 거야? 회사가 돈을 못 벌면, 직원에게 주는 월급이라도 아껴야 할 것 아닌가! 나도 내 부하, 아니 내 직원을 자르는 건 싫다고!"

수염왕이 소리를 질렀어. 자기만 나쁜 사람 취급을 하는 것 같아서 화가 났어. 사실 수염왕은 자신의 부하 수가 줄어드는 것이 마음 아프기는 했거든.

"사장님, 저희가 해결하겠습니다."

일잘해 부장이 앞으로 나섰어.

"자네들이 무슨 힘이 있다고?"

"그래도 회사가 어려움에 부닥쳤는데 그냥 있을 수는 없습니다."

"그래? 무슨 방법이라도 있나?"

"아직은 없지만, 반드시 저희가 이 어려움을 해결하겠습니다. 그러니 직원들을 해고하는 결정은 조금만 미뤄주십시오."

"엥? 그럼 자네들이 실패하면 그 책임은 누가 지고?"

"그 책임은 제가 지겠습니다. 만약 제가 해결하지 못하면 회사를 나가겠습니다."

일잘해 부장은 자신 있게 말했어.

"저희도 책임을 지겠습니다."

다른 직원들도 앞으로 나섰어.

'위대한 나도 해결하지 못하는 문제를 직원들이 해결한다고? 흥, 말도 안 되는 소리! 하지만 손해 보는 일은 아니야. 직원들이 문제를 해결하지 못해도, 내 말을 안 듣는 일잘해 부장을 자를 수 있으니 말이야.'

수염왕은 일잘해 부장의 두 손을 꼬옥 잡으며 연기를 했어. 억지로 눈물도 짜냈지.

"자네들만 믿네. 꼭 우리 회사를 살려 주게나."

항상 직원들을 무시하던 수염왕이 눈물까지 글썽이며 부탁을 하자, 일잘해 부장은 가슴이 뜨거워졌어. 그리고 무슨 일이 있어도 회사의 어려움을 해결하겠다고 결심했지.

그 뒤 일잘해 부장과 직원들은 회사에 닥친 어려움을 해결하는 네 가지 방법을 결정했어.

첫 번째는 꼬불꼬불면에게 실망했던 소비자들의 믿음을 되찾는 것이었어.

두 번째는 꼬불꼬불면을 더 많이 파는 것이었고, 다른 하나는 비용을 줄이는 거였지. 마지막 하나는 새로운 국수를 개발하는 거였어.

꼬불꼬불면은 다시 원래대로 양을 늘리고 원료도 국내에서 생산된 것만 사용했어. '왕꼬불꼬불면'은 과감하게 포기했지. 그리고 신문에 커다랗게 '죄송합니다. 왕수염회사는 지난날의 잘못을 진심으로 반성하고 있습니다.'라고 광고도 했어. 그러자 꼬불꼬불면의 판매량이 점점 늘었어. 소비자들이 회사의 반성을 받아들이면서, 다시 꼬불꼬불면을 사기 시작한 거야.

두 번째, 꼬불꼬불면을 더 많이 파는 것은, 이웃 나라인 슬그머니나라에 꼬불꼬불면을 수출하는 것으로 해결했어.

꼬불꼬불면의 비용을 줄이는 것은 중간 판매상(도매상과 소매상)을 거치지 않고 생산자와 직접 거래를 해서 해결했어. 가뭄으로 밀가루 생산량이 줄어서 가격은 올랐지만, 유통비용을 줄이니까 오히려 비용은 줄었지. 또 생산자와 상의해서 더 좋은 원료를 만드는 방법도 함께 연구하기로 했어.

새로운 국수를 개발하는 것도 성공이었어. 밀가루로 만든 꼬불꼬불면을 먹지 않는 사람들도, 쌀, 메밀로 만든 국수를 사 먹었어. 짜장 맛 꼬불꼬불면도 잘 팔렸지. 그리고 대접만 한 종이컵에 꼬불꼬불면을 넣은 즉석 '대접면'도 개발했어. 대접면은 어느 곳에서나 뜨거운 물만 넣으면 바로 먹을 수 있지. 대접면은 만들자

마자, 인기 상품이 되었어. 여행이나 등산을 가는 사람들에게 특히 인기가 많았지.

"하하하. 가뭄에 가축병까지 더해져서, 원료가 비싸져서 걱정이었는데 자네들이 오히려 비용을 줄였구만. 좋아 좋아, 월급 주는 보람이 있어."

"네. 꼬불꼬불면을 만드는 원료를 생산하는 사람들과 직접 거래하니 원료를 싸게 살 수 있었습니다. 슬그머니나라에 꼬불꼬불면을 수출해서 판매량을 늘렸고요."

"우리 꼬불꼬불면이 슬그머니나라에서 엄청나게 팔리고 있습니다. 곧 우리 나라에서 팔리는 양만큼 수출이 될 것입니다."

"크크큭. 슬그머니나라에 우리 꼬불꼬불면을 수출한 것은 정말 감동이야. 난 슬그머니나라의 왕이 아주 얄밉거든. 크크크큭."

수염왕은 오랜만에 기분 좋게 웃었어. 오늘은 일잘해 부장이 밉지 않았지. 수염왕은 겉으로는 직원들에게 말하지 않았지만, 직원들을 속으로 칭찬했지.

"나만큼 위대하지는 않지만, 내 직원들도 도움을 주는군. 내가 왕이었을 때 있던 신하들보다 훨씬 나아."

수염왕은 중얼거렸어.

직원들을 해고하면 어떡하죠?

앞에서 기업의 목적은 이윤을 얻는 것, 즉 돈을 버는 것이라고 했지? 그러니 돈을 많이 버는 회사가 좋은 회사라고 할 수 있지. 회사가 돈을 못 벌면 망할 수밖에 없고, 그러면 직원들은 직장을 잃고 실업자가 될 거야. 실업자가 되면 월급을 못 받으니 돈이 부족하지. 그러면 필요한 상품(재화, 용역)을 사기 어려워.

만약 일잘해 부장이 실업자가 된다면 어떤 일이 생길까? 당장 소비를 줄일 거야. 먹을거리, 옷을 적게 사고, 교통비와 교육비 등도 줄이겠지. 아이들에게 주는 용돈을 줄일지도 몰라. 그런데 실업자가 많아진다고 생각해 봐. 시장에 상품이 산더미처럼 쌓여 있어도 돈이 없으니 살 수 없을 거야.

결국, 상품을 만드는 회사나 상품을 파는 도매상, 소매상은 상품이 팔리지 않으니 망하겠지. 그러면 또 직장을 잃은 실업자가 더 많아지고. 이런 과정이 계속 반복되면서 점점 경제가 어려워지지.

실업은 아주 큰 사회문제란다. 실업은 한두 사람의 문제가 아

니라, 사회 전체가 영향을 받는 문제거든. 그러니 회사는 돈을 잘 버는 게 중요해. 그래야 회사에서 일하는 노동자들이 월급을 많이 받고 안정적으로 일할 수 있으니까.

물론 법을 어기거나 소비자를 속이는 회사, 노동자(직원)의 권리를 무시하는 회사는, 아무리 돈을 많이 번다고 해도 나쁜 회사야. 그래서 기업은 돈을 버는 것뿐 아니라, 사회적인 책임감도 있어야 해. 더 좋은 상품을 개발하고, 노동자에게 정당한 대가를 주고, 국가에는 정확하게 세금을 내야 하지. 기업들이 봉사 활동을 하거나 이윤의 일부로 불우이웃을 돕는 것도 그런 책임의 일부란다.

왕수염회사의 직원들이 꼬불꼬불면을 슬그머니나라에 수출했잖아요. 수출이 뭔가요?

수출이 뭔지 알아보기 전에, 아주 쉬운 질문을 하나 할게. 과일 중에 노란색 과일은 뭐가 있을까? 선생님은 제일 먼저 바나나를 떠올렸어. 바나나는 노래에도 나오지. '원숭이 엉덩이는 빨게, 빨가면 사과, 사과는 맛있어 맛있으면 바나나'라는 노래. 그런데 알고 있니? 바나나는 우리나라에서 생산하지 않아. 그럼 우리가 먹는 그 많은 바나나는 다 어디서 온 걸까? 그건 필리핀 같은 외국에서 사온 거야. 물론 우리나라에서도 바나나를 생산할 수 있어. 그런데 바나나는 따뜻한 기후에서 자라니까, 비닐하우스를 만들고 따뜻하게 난방도 해야겠지. 바나나를 생산하는 비용이 아주 높을 거야. 그러느니 바나나를 많이 생산하는 나라에서 싸게 수입을 하는 게 더 이익이지.

  반대로 우리나라는 필리핀에 자동차를 수출할 수 있어. 필리핀이 직접 자동차를 만드는 것보다 우리나라에서 자동차를 수입하는 게 더 이익이라면 말이야. 앞의 이야기에서 오반칙 부장도 꼬불꼬불면의 재료를 다른 나라에서 사 오자고 했었지. 이렇게 다른 나라의 상품을 사 오는 것을 '수입'이라고 해. 그리고 우리나라가 다른 나라에 상품을 파는 것을 '수출'이라고 하지. 꼬불꼬불면을 슬그머니나라에 파는 것처럼 말이야. 그리고 이렇게 나라들이 서로 물건을 사고파는 것을 무역이라고 해.

수염왕의 경제 노트

토지, 노동, 자본을 3대 생산요소라 한다.
생산요소에는 토지, 노동, 자본 외에 기업가의 경영 능력도 포함된다.
경영 능력은 생산요소들 잘 관리할 수 있는 능력을 말한다.

(내 경영 능력이야, 세계 최고지! 자본은 쪼끔 쓰고 꼬불꼬불면은 왕창 파니까, 크크크!)

9 세금을 내라고?

-납세의 의무

"성실해 비서, 잠깐 들어와 봐."

수염왕이 성실해를 불렀어.

"왕 사장님, 뭐 필요한 것 있으세요?"

성실해가 미소를 지으며 물었지.

"으응. 내가 말이야, 입이 좀 궁금해서 말이야. 얼른 시큼시큼 젤리 한 봉지만 사 와."

수염왕은 손톱을 깎으며 말했어.

"시큼시큼젤리요? 어떤 맛으로요?"

"벌꿀 레몬 맛."

"네. 알겠습니다."

성실해가 나가자, 오반칙 부장이 문틈으로 얼굴을 빠끔히 내밀었어.

"와왕~ 사장님."

"오, 자네 왔는가?"

"이건 제가 치우겠습니다."

수염왕의 책상 한 귀퉁이에 수염왕이 자른 손톱, 발톱 부스러기가 널려 있었어. 오반칙 부장은 미소를 지으며 수염왕의 손톱, 발톱 부스러기를 휴지에 싸서 버렸어.

수염왕은 오반칙 부장을 좋아했어. 오부장은 일을 썩 잘하지는 않지만 수염왕에게 아첨을 잘했어.

"존경하옵는 왕 사장님, 제가 요즘 왕 사장님 걱정에 잠을 잘 수가 없습니다."

"내 걱정? 무슨 걱정?"

"이런 말씀을 드려야 할지, 말아야 할지 일주일 내내 고민했습니다. 그러나 사장님을 향한 제 충성심이 이겼지요. ……일잘해 부장이 말입니다."

"응, 그래, 일잘해 부장이 뭘……?"

"일잘해 부장이 직원들에게, 회사의 어려움을 자기가 다 해결했으니, 자기가 이 왕수염회사 사장이 되어야 한다고 꾀고 있습니다."

"뭐, 뭐, 뭐야?"

"왕 사장님이 할 줄 아는 게 뭐가 있느냐, 처음에 꼬불꼬불면을 만든 것 외에는 아무것도 한 일이 없다. 가뭄 때문에 회사가 어려움에 부닥쳤을 때도, 내가 다 해결했다. 왕 사장은 아무것도 안 하고 화만 냈다."

"뭐라?"

수염왕의 팔자수염이 부르르 떨렸어.

"그것뿐만이 아닙니다. 왕 사장님은 직원들에게 월급도 조금 주지만, 자기가 사장이 되면 직원들 월급을 2배로 올리고 일도 조금만 시킬 거라면서……."

"이런 고약한! 저번에 일을 좀 잘해서 내가 칭찬했더니, 그사이에 기가 살아서 사장 자리를 탐내는구나."

"그리고 말입니다. 이건 정말 큰 일인데 말입니다……."

수염왕의 눈치를 슬쩍 보며, 오반칙 부장은 수염왕의 세금 영수증을 내밀었어.

"이것 좀 보십시오. 사장님의 세금도 아~주 많이 내고 있습니다. 사장님 돈으로 말입니다."

"세금이라니?"

"왕 사장님께서 분명히 말씀하셨지 않습니까? 세금은 절대 내지 않겠다고 말입니다. 그런데 일잘해 부장이 꼬박꼬박 국가에 왕 사장님의 세금을 내고 있었습니다."

"뭐라고? 내 돈을 세금으로 낸다고? 내 돈을? 그것만은 참을 수 없다!"

수염왕은 책상을 쾅 하고 내리쳤어. 세바스찬과 함께 찍은 사

진이 든 액자가 풀썩 넘어졌어. 수염왕의 팔자수염이 하늘로 쭉 뻗고, 가슴에선 부글부글 화가 솟구쳤지. 솔직히 왕이었을 때는 백성에게 세금을 많이 받고 싶었어. 하지만 지금은 자기가 국가에 세금을 내는 것이 너무나 아까웠어. 자기가 왕이었을 때처럼, 국가가 세금을 받으면 흰수염 큰대표랑 정치인들이 다 써버릴 거로 생각했거든, 그래서 절대 세금을 내지 않겠다고 마음먹었지. 그런데 일잘해 부장이 자신의 세금을 내고 있었다니.

"그렇게 세금을 내고 싶으면, 자기들만 내면 되지, 왜 나까지 세금을 내게 한 거야! 이 도둑놈!"

수염왕은 성실해를 불렀어. 그사이 오반칙 부장은 살짝 나가 버렸지.

"성실해 비서, 내가 세금을 내고 있다는 거 아나? 일잘해 부장이 나도 모르게 내 세금을 내고 있었다네."

"당연하지요, 사장님. 저뿐만 아니라 모든 직원이 세금을 내는 걸요?"

"뭐? 모두 다 세금을 내고 있다고?"

수염왕은 깜짝 놀라 물었어.

"그럼요. 세금은 나라 살림에 필요한 돈이니까, 당연히 국민이면 내야죠."

"나라 살림에 필요한 돈이라고? 흰수염 대통령이 다 가지는 게 아니고? 내가 왕이었을 때는 백성의 세금을 받아서 궁궐도 짓고 보석 옷에 진수성찬을 먹으며 내 마음대로 다 썼는데. 요즘은 안 그런가? 이상하네?"

"호호호. 우리가 내는 세금은 대통령이나 정치인이 마음대로 쓰는 돈이 아니에요. 우리가 더 안전하고 행복하게 사는 데 써야 하죠. 결국은 우리 자신을 위해 세금을 내는 거죠."

성실해는 당연하다는 듯이 말했어.

"그, 그래? 정치하는 녀석들이 세금을 가지는 게 아니란 말이지? 음, 좋아. 그런데 성실해 비서는 세금을 얼마나 내나?"

"저는 5만 원을 내요."

"5만 원? 가만 있자, 나는 얼마를 내나?"

수염왕은 오반칙 부장이 가져온 자신의 세금 영수증을 살펴

세금은 국민의 의무입니다.

봤어.

"100만 원? 100만 원? 왜 나만 세금을 100만 원이나 내는 거야, 이건 말도 안 돼! 억울해, 억울하다고!"

수염왕은 오랫동안 비명을 질렀어.

왜 세금을 내야 하나요?

세금은 우리가 국가에 내는 돈이야. 국가가 나라 살림을 하려면 돈이 필요해. 우리 가족이 생활하는 데에 생활비가 필요한 것과 같지. 국가는 세금으로 국방을 튼튼히 해서 나라를 지키고, 강도나 도둑으로부터 국민이 안전하게 살 수 있게 지켜줘. 물과 전기, 도로나 공항, 댐처럼 국민에게 꼭 필요한 것도 만들지. 국민이 교육을 받을 수 있게 하고, 휴식과 문화생활을 할 수 있게 공원이나 문화시설을 만들기도 하지. 국가는 세금으로 국민이 더 안전하고 건강하게, 편리하게 살 수 있도록 다양한 일을 하지.

세금은 나라 살림을 하는 것 외에도 빈부의 차이를 줄이는 일도 해. 앞에서 실업 문제에 관해서 얘기했지? 어느 나라 건, 돈을 많이 버는 사람과 적게 버는 사람이 있어, 직업이 없어서 아예 돈을 벌지 못하는 사람도 있지. 건강한 사회는 모든 사람이 최소한의 인간다운 생활을 하는 곳이야. 인간다운 생활을 하는 것은 모든 사람의 권리니까.

그래서 국가는 세금으로 가난한 사람들을 돕기 위해 돈이 많은 사람에게는 세금을 더 많이 받아. 이야기처럼 사장인 수염왕은

세금으로 100만 원을 내고 성실해는 세금으로 5만 원을 내는 것처럼 말이야.

모든 사람이 세금을 낸다면, 그럼 저도 세금을 내야 하나요?

맞아. 세금을 내는 것은 '납세의 의무'라고 해서 국민의 네 가지 의무 중 하나야. 당연히 친구들도 세금을 내고 있지. 세금을 낸 적이 없다고? 음, 그건 친구들이 내는 세금은 간접세이기 때문이야. 세금은 간접세와 직접세로 나뉘거든.

우선 친구들이 지금 내고 있는 세금, 간접세가 무엇인지 알아볼까? 간접세는 우리가 재화와 용역을 소비할 때마다 내는 세금이야. 쉽게 말하면 내가 상품을 살 때마다 세금을 내고 있는 거지.

이 책을 읽는 어린이가 1,000원짜리 과자를 산다면 1,000원 중 90원은 세금이야. 실제 과자의 가격은 910원인데 세금 100원이 더해져서, 과자를 사기 위해서는 1,000원을 내는 거지. 이것을 부가가치세라고 하고 상품 가격의 10분의 1이 세금이야. 그런데 과자는 친구들도 사지만 돈을 많이 버는 어른도 사잖아. 그럼 어른도 어린이와 똑같이 90원을 세금으로 내는 거지.

뭔가 이상하다고? 분명히 앞에서는 돈이 많은 사람은 세금을 더 많이 낸다고 했는데, 어린이와 어른이 똑같이 90원을 내니까. 그건 간접세는 모든 사람이 똑같이 내는 세금이기 때문이야. 1,000원짜리 과자를 사는 사람이 부자인지 가난한지 알 수 없으니 똑같이 90원을 세금으로 내는 거지.

직접세는 돈을 얼마나 버는지, 혹은 재산이 얼마나 있는지에 따라 세금을 내는 거야. 수염왕이 성실해보다 월급이 더 많으니 소득세를 더 내지. 수염왕이 성실해보다 재산이 더 많으니까 재산세도 더 내. 그리고 왕수염회사도 세금을 내. 직접세는 돈을 버는 것에 대해 내는 세금인데, 회사도 돈을 버니까 그것에 대해 세금을 내는 거지. 앞에서 세금이 빈부의 차이를 줄이는 일을 한다고 했지? 그 세금이 바로 직접세인 거야.

수염왕의 경제 노트

국가는 국민이 안전하고 행복하게 살 수 있도록 다양한 일을 한다.
국가가 그런 일을 하는 경비는 국민이 내는 세금이다.
국민이 세금을 얼마나 내는지는 법으로 정한다.

(은행에 저금한 내 돈에 대해서도 세금을 낸다고? 헉! 몽땅 찾아서 땅에 묻어야겠구만!)

10 수염왕의 복수

-경쟁이 없는 독과점

"사장님, 이것 좀 보십시오. 우리 회사 기사가 났습니다."

일잘해 부장이 수염왕에게 신문을 내밀었어.

"뭐? 내 왕수염회사가 신문에 났다고? 크크크, 역시 우리 꼬불꼬불면이 유명하기는 한가 보군."

수염왕은 웃으며 신문 기사를 읽었어. 그런데 신문 기사에 커다랗게 쓰인 기사 제목은 '꼬불꼬불면, 쓰레기 수입 원료로 만들어'였어.

"이, 이게 무슨 소린가?"

수염왕은 깜짝 놀랐어.

기사 내용은 이랬어.

꼬불꼬불면, 쓰레기 수입 원료로 만들어

전 국민이 사랑하는 꼬불꼬불면이 외국의 음식 쓰레기를 싸게 수입해서 만든다. 심지어 꼬불꼬불면 재료를 국산이라고 속이기까지 했다. 꼬불꼬불면이 돈을 벌려고 소비자를 속여 온 것이다.

"우리가 쓰레기로 꼬불꼬불면을 만든다니? 왜 이런 거짓 기사가 나온 거야?"

"제가 신문사에 전화해서 물어보니, 오반칙 부장이 제보했답니다. 음식물 쓰레기를 수입해서 국산 재료인 것처럼 속인다고요."

"도대체 왜 오반칙 부장이 이런 짓을……? 당장 오반칙 부장을 데리고 와!"

"오반칙 부장은 오늘 아침에 사직서를 냈답니다. 그리고 이 기사도 보십시오."

일잘해 부장은 신문의 다른 쪽을 보여 줬어. 거기엔 '탱탱면' 광고가 있었어. 탱탱면은 꼬불꼬불면보다 훨씬 좋은 원료로 만들어서 건강에도 좋고, 맛도 좋으며 가격도 싸다고 쓰여 있었어. 그리

고 오반칙 부장이 '탱탱면'을 먹는 사진도 함께 있었지.

"이 사람은 오반칙 부장 아닌가?"

"네, 사장님. 오반칙 부장이 '맛좋은'이라는 국수 회사를 세우고, 꼬불꼬불면과 거의 똑같은 '탱탱면'을 만들어 팔고 있었습니다."

"뭐? 오, 오, 오반칙 부장이? 꼬불꼬불면과 똑같은 '탱탱면'을 판다고?"

"네. 그래서 우리 꼬불꼬불면이 잘 안 팔리고 있습니다. '탱탱면'이 100원 더 싸거든요. 게다가 우리 꼬불꼬불면을 모함하는 이런 거짓 기사까지 나오니, 정말 걱정입니다."

수염왕은 너무나 분했어. 오반칙이 자신을 배신하다니, 내가 자기를 얼마나 믿었는데. 수염왕은 이를 부드득 갈았어. 그리고 주르륵 흐르는 눈물을 손등으로 슥 닦았어.

'어떻게 해야, 오반칙에게 통쾌하게 복수를 하고 꼬불꼬불면을 다시 잘 팔리게 할 수 있을까.'

수염왕이 고민이었어. 며칠 동안 계속 고민을 했지만 좋은 생각이 떠오르지 않았지. 수염왕의 얼굴은 구름이 가득 낀 하늘처럼 어두워졌어.

"탱탱면은 꼬불꼬불면보다 훨씬 좋은 재료를 사용합니다."

"왕 사장님, 망고 맛 시큼시큼젤리가 새로 나왔대요. 제가 휭 하고 달려가서 사 올까요?"

성실해는 수염왕이 걱정되었어. 믿었던 오반칙 부장에게 배신을 당해 마음이 상했을 수염왕의 기분을 바꿔 주고 싶었지.

"내가 지금 젤리나 먹으며 좋아할 기분이겠나? 눈치도 없구만!"

수염왕은 버럭 화를 냈어. 괜히 성실해에게 화풀이를 했지.

"죄송합니다, 눈치가 없어서."

성실해는 고개를 푹 숙였어.

"참, 성실해 비서. 자네는 세상에서 뭐가 제일 징그럽나?"

"네? 징그러운 거요? 음, 저는 쥐랑 바퀴벌레가 제일 징그럽고 무서워요."

"쥐랑 바퀴벌레? 맞아 맞아, 나도 쥐랑 바퀴벌레는 질색이지."

갑자기 수염왕의 얼굴이 환하게 밝아졌어.

"쥐랑 바퀴벌레라……."

수염왕이 중얼거렸어.

며칠 뒤, 신문에 대문짝만 한 기사가 실렸어.

맛좋은회사의 탱탱면에서 쥐 꼬리와 바퀴벌레가 나왔다는 기사였어. 맛있게 끓인 라면 속에 검은 털이 숭숭 난 쥐 꼬리가 들어 있는 사진, 손가락만 한 바퀴벌레가 둥둥 떠 있는 사진도 실렸지. 신문 기사를 본 소비자들은 경악했어. 다른 신문에는 맛좋은회사의 오반칙 사장이, 왕수염회사가 음식물 쓰레기로 꼬불꼬불면을 만든다는 거짓 소문을 퍼뜨렸다는 기사도 있었어. 그래서 오반칙 사장이 경찰에게 조사를 받는다고 말이야.

소비자들은 맛좋은회사가 소비자의 건강에 해롭더라도 돈만 벌려는 회사라고 생각했어. 그리고 경쟁 회사인 왕수염회사에 대해 거짓 소문을 내는 비겁한 회사라고도 생각했지. 그래서 탱탱면 불매운동을 벌였어. 지저분한 음식을 만들어 파는 회사는 벌을 받아야 한다고 말이야. 쥐 꼬리와 바퀴벌레가 나온 탱탱면은 팔리지 않았어. 대신 꼬불꼬불면은 예전처럼 잘 팔렸지.

"<u>으흐흐흐흐</u>. 꼴 좋다, 오반칙! 비겁하게 행동하더니, 너도 당했구나. <u>으흐흐흐</u>."

신문을 읽으며 수염왕은 크게 웃었어. 식은땀을 뻘뻘 흘리는 오반칙의 모습이 신문에 실려 있었어. 수염왕은 오랜만에 기분이 아주 좋았지. 그때 성실해가 들어왔어. 놀라서 눈이 동그랗게 커져 있었어.

"무슨 일이야, 성실해 비서?"

"저기, 왕 사장님."

"응, 그래. 무슨 부탁 있나? 크크큭, 오늘은 내가 기분이 좋으니까 말해 봐. 어떤 부탁이든 다 들어줄게. 월급 올려 달라는 말

은 빼고. 크크크크."

"그게 아니고, 경찰에서 사장님을 만나러 왔어요."

"뭐, 경찰이?"

수염왕이 벌떡 일어났어.

건장한 경찰 4명이 수염왕의 사무실로 들어왔어.

"탱탱면에 쥐 꼬리와 바퀴벌레를 넣은 혐의로 체포합니다."

"세금을 잘 내지 않았다는 제보도 있었습니다. 함께 경찰서로 가시죠."

경찰이 양쪽에서 수염왕의 팔을 붙잡았어. 성실해는 옆에서 울기만 했어.

'어이쿠야, 들켰네.'

수염왕은 당황했어.

"사장님, 제가 세바스찬은 잘 돌볼게요. 흑흑."

성실해가 수염왕을 뒤따르며 말했어.

"또 망했네, 또 망했어!"

수염왕이 경찰차에 태며 중얼거렸어. 멋지게 기른 수염왕의 팔자수염이 밑으로 축 처졌어.

수염왕을 태운 경찰차는 왕수염회사를 출발했어. 수염왕은 멀

어지는 회사를 뒤돌아보았어. 성실해가 손수건으로 눈물을 닦으며 수염왕에게 손을 흔들고, 그 옆에는 세바스찬이 꼬리를 살랑살랑 흔들고 있었어.

오반칙 부장이 얄미워요.
수염왕이 화를 내는 것도 이해할 수 있고요.

선생님도 얄미운 사람이 있어. 지하철을 탈 때, 자기가 먼저 타려고 줄 선 사람들을 밀치는 사람이 얄미워. 우산이 없어서 비를 맞고 가는데, 우산 쓴 사람의 뾰족한 우산살에 머리를 찔릴 때도 그 사람이 얄밉지. 내가 좋아하는 하트 모양 볼펜을 훔쳐 간 사람도 얄밉고.

하지만 얄밉다고 해서, 수염왕처럼 행동하는 것은 잘못이야. 물론 오반칙이 왕수염회사의 중요한 비밀을 몰래 훔쳤다면 그건 잘못된 행동이고 벌을 받아야 하지. 하지만 오반칙이 왕수염회사와 비슷한 회사를 차린 것이 수염왕은 얄밉겠지만, 법을 어긴 것은 아니야. 오히려 꼬불꼬불면과 탱탱면이 경쟁을 하는 것은 좋은 일이지. 경쟁은 자연스러운 일이고 꼭 필요한 일이기도 해.

친구들이 과자를 사 먹으려고 하는데 세상에 오직 한 종류의 과자만 있다면 어떨까? 생각만 해도 싫지 않니? 왕수염회사의 꼬불꼬불면도 마찬가지야. 포장용 국수를 만드는 회사가 늘어나면 그

만큼 다양한 상품을 만들 것이고, 소비자는 자기가 원하는 대로 선택을 할 수 있을 거야. 더 맛있고 더 저렴하고 몸에도 좋은 상품을 선택할 수 있겠지. 회사도 경쟁하는 회사가 있으면 더 열심히 더 좋은 상품을 만들려고 노력할 거야. 소비자의 눈치도 보고, 친절하게 대하겠지.

만약 포장용 국수를 파는 곳이 오직 왕수염회사뿐이라면, 왕수염회사는 꼬불꼬불면의 가격을 마음대로 올릴지도 몰라. 포장용 국수를 사려는 소비자는 다른 것을 선택할 기회가 없으니 비싼 돈을 내고 꼬불꼬불면을 사야겠지. 아니면 아예 사지 않던가. 왕수염회사는 포장용 국수 시장을 지배해서 이익을 독차지하는 거야. 이런 것을 독과점이라고 해.

어떤 상품이든 독과점이 되면, 그 피해는 소비자가 입게 돼. 소비자는 다양한 가격과 품질의 상품 중에서 선택할 권리가 있어. 그래서 정부는 기업들이 자유롭고 공정하게 경쟁하는지 관리하고, 독과점으로 소비자가 손해를 입지 않도록 노력하지.

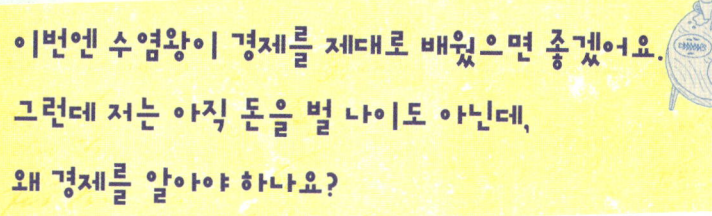

이번엔 수염왕이 경제를 제대로 배웠으면 좋겠어요. 그런데 저는 아직 돈을 벌 나이도 아닌데, 왜 경제를 알아야 하나요?

와, 아주 중요한 질문이구나! 지금까지 경제에 대해 함께 알아본 내용을 정리하면 이런 내용이야. 우리가 사는 데는 많은 것이 필요하다. 물건(재화)도 필요하고 사람들의 노력(용역)도 필요하다. 재화와 용역을 사고파는 것이 경제다. 재화와 용역을 만드는 행동을 생산이라고 하고, 그것을 돈을 내고 사는 것을 소비라 한다. 생산을 하는 대가로 돈을 벌고, 그 돈으로 필요한 재화와 용역을 소비하는 것이다. 왕수염회사처럼 생산을 하는 회사는 번 돈을 직원들에게 임금으로 지급(분배)한다. 즉 경제활동은 생산, 소비, 분배로 이루어진다.

친구들의 질문대로, 아직 돈을 벌 나이는 아니지만, 친구들은 이미 경제활동, 주로 소비 활동을 하고 있어. 그런데 소비를 어떻게 하느냐는 매우 중요해. 가진 돈은 정해져 있는데 사고 싶은 것은 많고. 이럴 때 어떤 것을 선택해서 살지 결정해야 해. 돈을 아껴서 저축할 수도 있지.

중요한 것은, 어떻게 소비를 해야 가장 만족이 클지를 결정하는 힘이야. 당장 500원짜리 불량식품을 사 먹는 것이 좋을까, 아니면 그 돈을 모아서 자전거를 사는 것이 더 만족스러울지를 결정하는 것이지.

돈과 관련한 것뿐 아니라, 우리가 생활하다 보면 선택을 할 일이 참 많아. 학교까지 걸어서 갈까, 아니면 버스를 탈까? 학원에 갈까, 아니면 학원에 빠지고 친구랑 놀러 갈까? 책을 읽을까, 게임을 할까? 친구들뿐 아니라, 선생님과 부모님도 항상 선택을 하고, 더 합리적인 선택을 하려고 노력하지.

앞에서 희소성과 선택에 대해 알아봤지만, 선택의 기준은 가장 적은 대가를 내고 가장 큰 만족을 얻는 거야. 그리고 선택을 잘하는 것은 매우 중요하고, 그것이 바로 우리가 경제를 알아야 하는 이유란다.

수염왕의 경제 노트

시장에서는 자유롭게 경쟁하는 것이 중요하다.
자유로운 경쟁을 더 좋은 재화와 용역을 생산할 수 있다.
결국, 경제가 더 발전한다.

(합리적인 선택이 뭔지 진작 알았다면, 오반칙 녀석에게 복수를 안 했을 텐데. 나만 망했구나!)

경제 용어

이것만 알아도, 경제 끝!

재화와 서비스: 우리가 살기 위해서는 여러 가지가 필요해요. 그중에 옷이나 먹을거리, 컴퓨터처럼 손으로 잡을 수 있는 것을 재화라 해요. 또 교사의 교육, 의사의 진료, 가수의 노래처럼 손으로 잡을 수 없는 사람의 행동을 용역(서비스)이라고 해요.

희소성: 사람이 원하는 것은 끝이 없어요. 그런데 자원이 부족해서 원하는 것을 다 가질 수 없어요. 예를 들어 최신형 휴대전화를 가지고 싶은 사람이 모두 최신형 휴대전화를 가질 수는 없어요. 원하는 사람보다 자원의 수가 적은 것을 '희소하다'고 해요. 또 다이아몬드는 돌멩이보다 훨씬 적어요. 그래서 다이아몬드는 돌멩이보다 '희소하다'고 해요.

선택: 자원이 희소해서 모든 것을 다 가질 수 없어요. 그래서 원하는 것 중 하나를 골라야 해요. 이것을 선택이라고 해요. 예를 들어 용돈으로 책을 사고, 놀이공원에 가고, 친구들과 군것질도 하고 싶

어요. 그런데 용돈은 희소하니 다 할 수는 없어요. 그래서 용돈으로 무엇을 해야 가장 만족할지 '선택'해야 해요.

기회비용: 용돈으로 책을 사면, 놀이공원에 갈 수 없어요. 1시간 동안 게임할지 숙제할지 고민하다 게임을 선택하면, 1시간 동안은 숙제를 할 수 없어요. 이렇게 어떤 것을 선택하면 나머지 것은 할 수 없어요. 이것을 기회비용이라고 해요. 놀이공원은 책의 기회비용이고, 숙제는 게임의 기회비용이에요.

경제활동: 생산, 소비, 분배를 경제활동의 3요소라고 해요.

생산: 사람에게 쓸모 있는 상품(재화와 용역)을 만들어 내는 활동이라고 해요.

생산요소: 생산을 하려면 토지(자연 자원), 노동(인적 자원), 자본(물적 자원)이 필요해요. 그 외에 기업가의 경영 능력, 기술, 디자인 등도 필요하지요. 컴퓨터를 생산하는 기업은 공장을 지을 땅(토지), 컴퓨터를 만드는 사람들의 노력(노동), 그리고 공장을 짓고 컴퓨터를 만드는 데 필요한 돈(자본)이 필요해요. 또 생산요소를 잘 관리할 수 있는 기업가의 경영 능력과 기술, 아이디어 등도 필요하지요.

소비: 우리가 사는 데는 여러 가지가 필요해요. 먹을거리가 필요하고

옷과 신발, 사는 집이 필요해요. 아플 때는 의사의 진료가 필요하고 멀리 가야 할 때는 버스 기사의 운전이 필요하지요. 이렇게 생활에 필요한 것을 사용하는 것을 소비라고 해요.

분배: 사람들에게 필요한 상품을 만든 사람들은 그 대가(돈)를 받아요. 옷, 신발 등의 재화를 만들어 판 사람들, 진료한 의사, 운전한 버스 기사도 돈을 벌지요. 이렇게 경제활동에 참여한 대가를 받는 활동을 분배라고 해요.

소득: 경제활동에 참여한 대가로 받은 돈이에요. 일하고 받은 임금과 재산(토지, 집, 돈)을 빌려준 대가로 받은 이자를 소득이라고 해요.

실업: 일할 능력이 있는 사람이 일자리를 원하지만, 일자리를 얻지 못한 상태를 실업이라고 해요.

기업: 기업은 토지, 노동, 자본 같은 생산요소를 사용해서 상품을 생산하고 소비자에게 판매(공급)해요. 그 대가로 이윤을 얻어요. 회사와 같은 말이에요.

수요: 어떤 상품을 일정한 가격에 사려는 것을 수요라고 해요.

공급: 어떤 상품을 일정한 가격에 팔려는 것을 공급이라고 해요.

시장: 재화와 용역을 사고파는 곳을 시장이라고 해요. 슈퍼마켓, 문구점, 극장, 병원도 모두 시장이에요.

가격: 간식이나 학용품을 살 때, 영화를 볼 때, 버스를 탈 때 돈을 내야 해요. 이렇게 어떤 상품을 사거나 용역(서비스)을 이용할 때 내야 하는 돈의 양을 가격이라고 해요.

물가: 시장에서 사고파는 상품의 가격이 얼마나 오르고 내렸는지 계산한 값이에요. 물가가 오르면 같은 돈으로 상품을 적게 살 수밖에 없어요. 예를 들어 500원이었던 공책이 물가가 올라서 600원이 되었어요. 그러면 전에는 1,000원으로 공책 두 권을 살 수 있었지만 지금은 한 권밖에 살 수 없지요.

금융: 사람의 돈을 맡아서 돈이 필요한 사람들에게 빌려 주는 것을 금융이라고 해요. 은행, 농협, 새마을금고, 보험회사, 증권회사 등이 금융을 담당해요.

세금: 정부가 나라의 살림살이에 필요한 돈을 마련하려고 국민에게 받는 돈이에요.

일반은행: 은행에 저축한 사람의 돈을, 돈이 필요한 사람이나 기업에 빌려주는 은행을 일반은행이라고 해요. 주변에서 쉽게 볼 수 있는

여러 은행이 일반은행이에요.

중앙은행: 중앙은행은 은행들의 은행이에요. 일반은행에서 현금이 필요할 때 중앙은행에서 돈을 빌려요. 또 중앙은행은 화폐를 만들고, 우리가 내는 세금을 관리하고, 경제가 안정되도록 조절하는 일을 해요. 중앙은행은 나라마다 하나씩 있어요. 우리나라의 중앙은행은 한국은행이에요. 그래서 우리나라 화폐에는 한국은행이라고 찍혀 있지요.